Gregorovius
Eine Reise nach Palästina
im Jahre 1882

Ferdinand Gregorovius

*Mit einer Einführung von
Hanno-Walter Kruft*

München 1995

Eine Reise nach Palästina im Jahre 1882

Illustriert mit acht Zeichnungen von Ferdinand Gregorovius

Verlag C. H. Beck

Einführung
Von Hanno-Walter Kruft †

Dieses Bändchen erinnert an einen vergessenen Text. Der Name des Verfassers deutet auf andere historische und geographische Zusammenhänge, auf Italien und Griechenland, auf die Geschichte der Städte Rom und Athen im Mittelalter hin. Die Vorstellung einer Palästina-Reise von Ferdinand Gregorovius (1821–1891) erscheint befremdlich, jedenfalls marginal. Muß an eine knapp zweiwöchige Reise erinnert werden, ist der in einer populären Zeitschrift veröffentlichte Reisebericht eine Neuveröffentlichung wert?

Es geht nicht allein um den literarischen Aspekt, der Gregorovius dazu veranlaßte, die Form der historischen Landschaftsbeschreibung seiner ‹Wanderjahre in Italien› auf andere Bereiche anzuwenden, sondern wir glauben, daß dieser Reisebericht aus der Feder eines liberalen Historikers ein höchst lesenswertes Dokument über die damalige Gegenwart und Zukunft eines Landes ist, dessen Geschichte mit derjenigen des jüdischen Volkes ursächlich verknüpft ist.

Gregorovius hatte zunächst einen sehr persönlichen Grund, Palästina zu besuchen. 1881 veröffentlichte er die Biographie der byzantinischen Kaiserin Eudokia, die von ihrem Gatten Theodosios II. nach Jerusalem in die Verbannung geschickt worden war.[1] Die Existenz dieser Griechin bewegt sich um die Zentren Athen, Konstantinopel und Jerusalem. Es gehörte zu den inneren Maximen von Gregorovius' Geschichtsschreibung, die Handlungsorte seiner historischen Darstellung möglichst aus eigener Anschauung zu kennen.² 1880 hatte er Athen besucht. Doch Konstantinopel und Jerusalem kannte er noch nicht, als er die ‹Athenais› schrieb. Er sagt in seinem Vorwort deutlich, daß ihn auch der Wunsch nach «Anschauung» dieser Städte zu dem historischen Gegenstand hingezogen habe.³ Der Verkaufserfolg der ‹Athenais› bot ihm die materielle Möglichkeit zu einer Orientreise, mit der er zugleich sein als persönlichen Mangel empfundenes Defizit an Anschauung ausgleichen konnte. Im Tagebuch (1882) notierte er zu dieser Orientreise: «Sie steht im Zusammenhange mit Athenais, da diese schöne Athenerin mir die Mittel dazu hergibt. Meine Ziele sind ursprünglich Jerusalem und Konstantinopel...».⁴

Als er schließlich im Jahr 1882 die Palästina-Reise durchführte, fand er auf den Spuren der Eudokia die von ihm immer wieder gesuchte Überlagerung von persönlichem Erlebnis mit dem historischen Gegenstand. Auf dem Ritt von Jerusalem nach Mar Saba hielt er folgende Erscheinung in seinem Reisebericht fest:

«Ich sehe einen seltsamen Reiterzug vor mir sich fortbewegen und in seiner Mitte eine schöne, melancholische Frauengestalt. Sie zieht dieselbe Straße, die uns nach Mar Saba führt. Es ist Athenais, die Kaiserin Eudokia, die ihr eifersüchtiger Gemahl Theodosius nach Jerusalem verbannt hat. Sie reitet die Kidronschlucht entlang, um den Seher der Wüste Euthymius aufzusuchen, dem sie ihr von religiösen Zweifeln gequältes Herz ausschütten will. Ein Luftbild der Wüste, eine Fata Morgana, und nur ich allein sehe sie.»

Gregorovius ging selten soweit wie in diesem Fall, daß Geschichte vor ihm als Vision aufstieg.

Er war nicht nur durch die ‹Athenais› für einen Palästina-Besuch vorbereitet, sondern er hatte sich bereits in München mit der Reiseliteratur vertraut gemacht und zahlreiche Tafeln der großen Illustrationswerke für sich in ein Skizzenbuch kopiert.⁵ Möglicherweise hatte er diese Kopien bereits zusammengetragen, als er die ‹Athenais› schrieb, um topographische Anschauung, über die er noch nicht verfügte, zu kompensieren. Andererseits gaben ihm diese Kopien auf der Reise Anhaltspunkte, welche Ziele er besichtigen wollte. Seine Hauptquelle war das große Tafelwerk von David Roberts ‹The Holy Land, Syria, Idumea, Arabia, Egypt & Nubia›, das in drei Bänden von 1842 bis 1849 in London erschienen und in mehreren Neudrucken verbreitet war. Gregorovius' Bleistiftnachzeichnungen der Farblithographien sind bescheiden, sie konzentrieren sich auf die wichtigsten, meist objektbezogenen Elemente und verzichten weitgehend auf die Staffage. Weitere Zeichnungen fertigte er nach dem Reisebuch des J. Nepomuk Sepp an, dessen dritte, illustrierte Ausgabe er benutzt haben dürfte.⁶ Die wichtigsten von Gregorovius benutzten Autoren werden in seinem Palästina-Bericht genannt: Titus Tobler, Albert duc de Luynes, J. Nepomuk Sepp, W. F. Lynch, Edward Robinson, Oscar Fraas, C. W. M. van de Velde.⁷ Wir stellen diese Reisewerke am Ende der Einführung zusammen.

Gregorovius hat auch selbst während seiner Reise gezeichnet. Anläßlich des Besuchs im Kloster von Mar Saba notiert er: «Ich setze mich auf einen Stein und zeichne den schönen Turm am Kloster ab. Die Tradition nennt ihn ‹Turm der Eudokia›.» Diese Zeichnung findet sich in einem weiteren Skizzenbuch, das Gregorovius auf der Reise mit sich führte.⁸ Sie trägt die Beischrift «Mar Saba. Turm der Eudocia» und ist am 26. März 1882 datiert. Es ist das gleiche Datum, unter dem er seinen Bericht abgefaßt hat. Gregorovius hat eine Reihe weiterer, zum Teil flüchtiger Reiseskizzen angefertigt. Ihm blieb in der Regel wenig Zeit, da er auf die anderen Mitglieder der jeweiligen Reisegruppen Rücksicht nehmen *mußte. Die Zeichnungen haben keine künstlerische Ambition, sondern sie sind Gedächtnisstützen in dem gleichen Sinn, den schon die Zeichnungen seiner italienischen Jahre hatten.*[9] *Einige typische Beispiele seien hier veröffentlicht. Gregorovius kennzeichnet seinen Bericht mit dem Untertitel «Aus meinem Tagebuche». Auf seinen Reisen in Griechenland und im Orient in den Jahren 1880 und 1882 ließ er sein Haupttagebuch, das ‹Nachrömische Tagebuch›, in München zurück, während er unterwegs gesonderte Tagebuchhefte führte, aus denen seine Reiseberichte hervorgingen. Nach der Rückkehr machte er im Haupttagebuch nur summarische Notizen.*[10] *Er beschreibt dieses Verfahren anläßlich seiner ersten Griechenlandreise (1880) im Haupttagebuch: «Ich habe meinen Aufenthalt in Athen in anderen Notizbüchern verzeichnet.» Der Sinn dieses Vorgehens ist ein doppelter: einerseits war damit das Haupttagebuch vor einem möglichen Diebstahl geschützt, andererseits wurden die Reisetagebücher im Hinblick auf Veröffentlichung geschrieben. Sie schließen in ihrer Darstellungsform an die ‹Wanderjahre in Italien› an, während das eigentliche Tagebuch in den späten Jahren immer lakonischer wird. Gregorovius wollte mit seinen Berichten offensichtlich eine Art «levantinisches» Gegenstück zu den ‹Wanderjahren› schreiben. In diesem Sinne bezeichnete er seinen Bericht über Korfu (1880) als «Seitenstück» zu ‹Capri› (1853). Der «Idylle vom Mittelmeer» wurde «Eine jonische Idylle» (so die jeweiligen Untertitel in der Buchveröffentlichung) gegenübergestellt. Aus der gleichen Haltung ist 1880 der Beitrag ‹Aus der Landschaft Athens› und 1882 neben dem Palästina-Bericht die Studie ‹Aus den Ruinen von Sardes› geschrieben. Gregorovius hat diese «Tagebuch»-Berichte zerstreut veröffentlicht und nicht mehr zusammenfassen können.*[11] *Die Korfu-Studie erschien 1882 in Buchform. In die ‹Kleinen Schriften›* sind die Beiträge über Athen und Sardes aufgenommen,[12] während der Bericht über die Palästina-Reise in Vergessenheit geriet.

Diese Texte bewegen sich durchaus auf der gestalterischen Höhe der ‹Wanderjahre in Italien›. Nur erscheint Gregorovius älter, erfahrener, distanzierter. Seine Beschreibungen gewinnen ihre Plastizität häufig aus dem Vergleich. Immer wieder werden italienische Landschaften als persönlicher Erfahrungsmaßstab neuen Landschaftserlebnissen gegenübergestellt. Das Prinzip der historischen Landschaftsbeschreibung ist jedoch das gleiche: das gegenwärtige Erscheinungsbild wird Anlaß zum historischen Rekurs. In Palästina erhält dieses Verfahren eine neue Dimension, da Kindheitserinnerungen (in Form von Bibellektüre), historische Darstellung (‹Athenais›) und Beobachtungen der komplexen historischen und ethnischen Struktur des Landes in der Darstellung ineinanderfließen. Der Bericht gibt nicht vor, «objektiv» zu sein, sondern durch die Betonung des «Tagebuch»-Charakters wird auf die Subjektivität der Wahrnehmung hingewiesen.

Daß Gregorovius' Reise über Ägypten führte, hing mit den Schiffsverbindungen zusammen, wie er selbst betont.[13] Am 4. März 1882 brach er von Neapel in Richtung Alexandria auf. Er verbrachte zehn Tage in Kairo und Umgebung, wo er mit dem Afrikaforscher Georg Schweinfurth zusammentraf, dem er schon 1872 in Rom begegnet war. Diesem Teil der Reise sind keine Aufzeichnungen gewidmet. Sie setzen erst ein, als sich Gregorovius dem Ziel seiner Reise nähert. Der zweiteilige Bericht beginnt mit dem Aufbruch von Kairo in Richtung Palästina. Die Reise ‹Von Kairo nach Jerusalem› schildert die erste Begegnung mit dem Heiligen Land und bietet weitgespannte historische Perspektiven. Gregorovius reiste mit der Eisenbahn von Kairo zum Suezkanal, von Ismailia per

Schiff bis Port Said und von dort nach Jaffa. Über Ramla gelangte er nach Jerusalem. Interessant ist vor allem seine Auseinandersetzung mit den verschiedenen Kolonisationsformen und die weitsichtig aufgeworfene Frage der Gründung eines jüdischen Staates nach dem Zerfall des türkischen Reiches. Gregorovius registriert die politische Unsicherheit des gegenwärtigen Zustandes sehr bewußt. Sein Vorschlag eines «jüdischen Königreiches etwa unter einer Dynastie Rothschild» ist wohl eher ironisch zu verstehen, doch was er an Einwänden gegenüber Jerusalem als Hauptstadt eines jüdischen Staates vorbringt, erinnert in seiner historischen Perspektive an seine früheren Argumente gegenüber Rom als Hauptstadt des italienischen Nationalstaats.

Jerusalem selbst wird von Gregorovius nicht beschrieben. Der Eindruck der österlichen Pilgerfahrten war ihm zuwider. In seinem zweiten Bericht ‹Ritt zum Toten Meer› spricht er von einer «Atmosphäre des frommen Betrugs», in einem Brief aus Jerusalem an seinen Freund Hermann von Thile (31. März 1882) vom «fanatischen Haß der Christensekten» und dem «götzendienerischen ekelerregenden Zauberkultus der Osterpilger».[14] Der ‹Ritt zum Toten Meer› führte über Mar Saba an das Tote Meer, die Jordanmündung und Jericho zurück nach Jerusalem. Gregorovius kann sich hier ganz seiner historischen Landschaftsbeschreibung überlassen. Geschichte und Gegenwart erscheinen als Einheit. Er vermittelt die subjektive Wirkung der biblischen Landschaft durch ihre Beschreibung, ohne in bekennerische Emphase zu verfallen. In seinem Brief an Thile gibt er diese Zurückhaltung auf, wenn er schreibt: «Aber ich habe doch das schauerliche Wehen des Gottes der Weltgeschichte hier verspürt, auf der heiligsten Urstätte der Religion, und ihr Geist ist mächtiger als der Roms und Athens.»[15]

Diese Worte zeigen, wie tief das Palästina-Erlebnis den Historiker Roms und Athens berührt hat. Die Intensität des Erlebnisses spiegelt sich in seinem Bericht. Die weitere Reise führte ihn über Beirut nach Damaskus, Smyrna, Ephesos, Sardes, Konstantinopel, Athen, Korfu nach Rom. Lediglich der Besuch von Sardes gelangte in einer weiteren Beschreibung zur Darstellung.

Der Abdruck des zweiteiligen Palästina-Berichtes folgt der Erstveröffentlichung in der Zeitschrift «Unsere Zeit» (1883, 1884). Die Ortsnamen wurden in der von Gregorovius gewählten historischen Form belassen, die Orthographie wurde behutsam modernisiert. Eine Kommentierung historischer Details entspräche kaum der Absicht, die Gregorovius bei der Abfassung verfolgte.

Die Anmerkungen zur ‹Einführung› befinden sich auf den Seiten 103/104.

Reise nach Palästina
im Jahre 1882

I
Von Kairo nach Jerusalem

19. März 1882. In kurzer Zeit will ich aufbrechen, um meine Fahrt nach Jerusalem anzutreten. Ich habe mich von dem deutschen Konsul, Herrn von Treskow, verabschiedet, und ihm für die unvergeßlichen Stunden gedankt, die ich in seiner Gesellschaft verlebte, zumal auf dem Pyramidenfelde von Memphis, und zu Kairo mit seinen Freunden aus Alexandria. Den letzten Blick auf den Nil und seine Palmenreihen warf ich gestern am Abend in der Gesellschaft Georg Schweinfurths, welcher liebenswürdig genug war, mir noch die Erinnerung an eine Fahrt mit ihm nach Gezirê auf meine Reise mitzugeben.

Die Franzosen aus Provins, meine nicht chauvinistischen Gefährten von Neapel her, sind nach Assuan aufgebrochen, und ich sehe mich wieder auf das gute Glück und so viel Gesellschaft angewiesen, als es mir zuführen wird.

Um 11 Uhr vormittags bin ich vom Hôtel du Nil abgefahren; eine halbe Stunde später führt mich der Bahnzug dem Suezkanal zu. In Ismailia soll ich das ägyptische Postboot treffen, welches nach Port-Said bestimmt ist. Werde ich dasselbe vorfinden und zu rechter Zeit diesen Hafen und den russischen Dampfer erreichen, der am 20. dort anlegen soll, um nach Syrien weiter zu fahren? Im Orient ist der Reisende ein Sklave der Schiffe. Er mag von vornherein in seinem Tagebuch eine Rubrik offen lassen mit der Überschrift: «Versäumt und verzichtet», und wie stark fällt nicht erst dies Kapitel im Journal des Lebens selber aus.

In meinem Waggon sitzen ein paar ägyptische Efendi und ein Europäer, wiederum ein Franzose. Er gibt sich als Kaufmann zu erkennen, welcher lange in Deutschland gelebt hat und auch deutsch spricht. Er ist verstimmt und einsilbig. Wir erreichen bald Belbês, das alte Byblos, dann Zagazik, welches ehemals Bubastis gewesen sein soll, der durch Herodot bekannte Kultussitz der Göttin Pacht und ihrer Freudenfeste. Zagazik ist ein großer Ort, wo die Eisenbahnen von Alexandria, Kairo, Damiette und Suez zusammentreffen. Hier wechseln wir den Zug. Franzosen spazieren auf dem Perron umher, Begleiter oder Verehrer einer schönen jungen Dame. Ich kaufe Datteln von einem Fellahkinde und erinnere mich an die verstorbene geniale Jerichau-Baumann und ihre ägyptischen Skizzen, welche sie mir in Rom gezeigt hatte.

Am Süßwasserkanal fahre ich weiter durch die Landschaft Gosen biblischen Angedenkens. Hier ist Israel zum Volk geworden; in den Jahrhunderten seines Aufenthalts in der ägyptischen Knechtschaft ist das Haus Jakobs zu einer halben Million streitbarer Menschen herangewachsen. Gosen muß damals ein nahrhaftes Land gewesen sein; der große Sesostris oder Ramses II. hatte durch dasselbe einen Süßwasserkanal vom Nil nach den Bitterseen gezogen, und die Hebräer leisteten ihm dabei Frondienste, wie beim Bau seiner Städte Pithom und Ramses. Erst ihr wunderbarer Auszug von dort unter Moses hat sie in die Weltgeschichte eingeführt; seither haben sie Palästina und durch ihre Religion die Welt erobert. Der Name und die Werke ihres Bedrückers, jenes großen Pharao, sind verschollen; aber David und Salomo nennt noch mit Ehrfurcht selbst der arabische Beduine, welcher durch die Wüsten zwischen dem Nil und dem Roten Meere wandert.

Nur noch als ein schmaler grüner Streif begleitet das Kulturland den gegenwärtigen Süßwasserkanal, den Nachfolger jenes des Ramses. Der Pflanzenwuchs kämpft mit dem Sande der gierigen Wüste, welcher die Äcker scharf begrenzt. Die Charaktervögel des Delta, die zierlichen Wiedehopfe und die kleinen weißen Reiher (Ibisse der Touristen nennt sie Schweinfurth), verschwinden.

Wir halten in Ramses. Eine kleine Eisenbahnstation trägt jetzt, an Stelle der alten Pharaonenstadt, den Namen des größesten aller Herrscher Ägyptens. Alles hat die Wüste verschlungen, die Pharaonen, ihren Ruhm, ihre göttergleiche Herrlichkeit. Vor wenig Tagen sah ich Ramses II., von dessen Kriegstaten noch heute Felsenskulpturen bei Beirut Kunde geben, kläglich hingestürzt im Schutt des alten Memphis; dort liegt sein verstümmelter Granitkoloß in der Waldeinsamkeit, und die stolze Inschrift sagt: «Ramses Miamun, König Sonne». Ringsum ist Wildnis mit feierlich stillen Palmenhainen.

Sobald wir die Station Ramses verlassen haben, umfängt uns die arabische Wüste. Der Typhon hat die Natur verschlungen. Nur weit im Südosten tauchen geheimnisvolle bleiche Bergzüge am Horizont auf; ich empfinde die magnetische Zugkraft des Roten Meeres, welches drüben Afrika begrenzt. Gelbliche Lichtreflexe strahlen von der Wüste aus unter einem Himmel vom tiefsten Azur.

Ein See wird sichtbar; seine blaue Flut blitzt aus den öden Sanddünen hervor, wie ein voller Lebensstrahl, und erfüllt die Seele des Wanderers mit Entzücken. Es ist der Timsâh, durch welchen der Suezkanal geht, um weiter südlich in die Bitterseen einzumünden. Die grüne Oase an seinem Westufer mit Reihen von weißen Häusern ist Ismailia, die jüngste Stadt Ägyptens, welche die Kanalarbeiter des Lesseps aus der Wüste hervorgezaubert haben, wie ehedem Ramses die fronenden Juden. Wir halten an einem einsamen Stationshause im Sande, von wo sich rechts die Bahn nach Suez fortsetzt; wir fahren links hinauf nach Ismailia. Im kleinen Bahnhof geht alles geregelt zu, wie bei uns zu Lande. Europäer sind die Schöpfer und Verwalter der Eisenbahnen Ägyptens. Ohne sie würde dies Land noch auf die Karawane beschränkt sein, wie vor Jahrtausenden. Von Europa empfängt die Urmutter unserer Kultur den Unterricht in den Anfangsgründen der modernen Zivilisation, und Scharen von Industrierittern, von Engländern, Franzosen, Italienern, Griechen und Juden hängen zugleich wie Blutegel am Nildelta, der Beute des privaten und offiziellen Wuchers seit den Ptolemäern und Römern bis auf die Gegenwart.

Ich löse ein Fahrbillett für das Postschiff des Khedive, welches im Timsâhhafen bereit liegt. Der Kassenbeamte beantwortet meine italienische Frage in derselben Sprache, denn er ist Italiener von Nation. Ein halbnackter Träger schleppt mein Reisegepäck; er trägt die Last wie ein Stier auf dem breiten Nacken mit Hilfe eines Strickes, der um seine eherne Stirn geschlungen ist. Seine Vorfahren figurieren auf ägyptischen Granitreliefs in Luxor und Karnak. So ziehen wir über den Sand durch die saubern Straßen der Wüstenstadt, die jetzt öde und ausgestorben ist; doch sie wird fortdauern als Suezkanal-Station. Der Süßwasserkanal befruchtet ihre Gärten. Manche Villa steht am Seeufer; auch der Khedive und Lesseps besitzen hier Landhäuser. Seebäder sind angelegt, die von Kairo aus besucht werden.

Am Hafen gibt es unter schattigen Lebbachbäumen Cafés und Restaurationen.

Der Postdampfer ist eine kleine unbequeme Barkasse. Ich richte mir auf dem Verdeck einen Sitz über meinem Gepäck ein und unterhalte mich mit dem Kapitän und den Bootsleuten, welche alle Italiener sind. Um 6 Uhr abends durchschneiden wir die Purpurflut des Timsâhsees, in welchem rote und schwarze Marken die Fahrstraße und die Entfernungen bezeichnen. Niedrige Sanddünen umgeben diesen See, ohne jede Vegetation, außer jener in Ismailia. Die Luft weht kühl auf der Wasserfläche, und bald sinkt der Sonnenball hinter der Wüste unter. Er läßt statt der Abendröte dieselbe geisterhafte Lichtausstrahlung zurück, wie ich sie zwischen Kreta und Alexandria und dann täglich in Kairo bewundert habe. Die versunkene Sonnenscheibe scheint noch ihre Strahlenflügel aufzurichten; dies Phänomen verklärt den westlichen Himmel und bleibt dort als Lichtdämmerung des Gottes Ra schweben, wenn schon längst Nacht die Wohnung der Kinder Japhets, den finstern Norden, beschattet und die Sternbilder in Ost und Süd zusammengedrängt funkeln.

Wir fahren in die Mündung des Kanals ein, und jetzt sollte mir zu Mute werden, als ziehe ich durch ein Triumphtor hindurch, welches der kühne Menschengeist auf dem Verbindungspunkt zweier Weltteile errichtet hat. Aber diese *Porta Aurea* besteht nur aus steilen Dämmen, welche den Kanal einfassen und den Blick ins freie Land unmöglich machen: ein wahrhafter Wüstengraben. Dies jüngste Werk des europäischen Genius sieht so prosaisch aus, wie nur ein mechanisches Produkt aussehen kann, und doch ist es die unermeßlich wichtige Bahn für eine neue Strömung der Weltgeschichte in kommenden Jahrhunderten.

Der Suezkanal, die künstliche Straße zwischen Afrika und Asien, ist heute schon zu einer Naturnotwendigkeit geworden; seine Geschichte beginnt, und sie wird nicht minder reich sein als jene der mythenvollen Sunde, welche die Natur selbst als Pforten der alten Kulturländer aufgerichtet und mit ihrer schönsten Plastik geschmückt hat: Gibraltar, Korfu, Messina, Hellespont und Bosporus. Von diesen Sunden rückt der Schwerpunkt des Völkerverkehrs nach dem Suezkanal herab, dem Paß zwischen England und Indien.

Wenn es einen Suezkanal gegeben hätte, schon ehe Vasco da Gama die Wege nach Indien entdeckt hatte, so würde das Staatensystem Europas heute ein anderes sein; England würde dann einen niedrigeren Rang unter den Völkern einnehmen und als Seemacht an seiner Stelle wahrscheinlich Frankreich oder Italien stehen. Eine Macht, die beides vereinigte, den Besitz Konstantinopels und des Suezkanals, welcher die Fortsetzung des Hellespont und des Bosporus ist, müßte die Gebieterin der Welt werden. Und auch der Besitz des Suezkanals allein würde dem Welthafen Konstantinopel, in wessen Gewalt er auch geraten möge, die Hälfte seiner Bedeutung rauben. England strebt nach dem Suezkanal, und am Ende wird Frankreich die Wüste nur für seinen angelsächsischen Nachbarn durchgraben haben. Gibraltar, Malta und Zypern sind die mit bewundernswürdiger Ausdauer und Kunst angelegten Stufen, die nach Ägypten und dem Suezkanal führen, wo die Pyramide der englischen Weltherrschaft sich vollenden kann.

Die Sterne des ägyptischen Himmels flammen mit magischem Licht; der Sirius wirft mondgleich einen Goldstreif über den Kanal. Viele Dampfer und Segelschiffe tauchen in ihm auf; wir ziehen an ihnen vorüber; denn sie alle liegen fest am Ufer, und nur das ägyptische Postboot darf nachts den Kanal durchfahren. Der Anblick dieser großen erleuchteten Schiffe, deren Masten und Rahen sich schwarz am Himmel abzeichnen, während rote und weiße Lichter an ihnen hängen, ist unbeschreiblich phantastisch. Dies sind Indienfahrer; sie kamen vom äußersten Thule, um nach den alten Wunderländern Asiens zu schiffen, oder sie kehren schon mit Schätzen beladen aus Arabien, Indien und China zurück.

Wir fahren in den Billahsee ein, oder vielmehr durch Lagunen, welche an jene Venedigs erinnern; aber es ist dunkel und die Aussicht nicht immer frei. Das Boot hält an; wir sind in El Kantara, einer altberühmten Karawanenstation zwischen Ägypten und dem Sinailande. Aus dem Hause droben schallt fröhlicher Gesang; im Zimmer sitzen bei einer Flasche Champagner zwei Italiener, ein Alter mit einem grauen Löwenhaupt und einem Gesicht, welches wie die pargamente Chronik von hundert Abenteuern aussieht, und ein junger Mann, beide offenbar hier Stationsbeamte. Sie singen die Garibaldi-Hymne und lassen den alten Condottiere hoch leben; mir fällt ein, daß heute San Giuseppe ist, sein Namenstag, den ich so oft in Rom erlebt habe.

Wir haben nur Zeit, eine Tasse arabischen Kaffee zu trinken, dann setzen wir die Fahrt fort. Die Luftströmung ist so kalt geworden, daß ich mich in die kleine Kajüte begeben muß, wo ein paar Europäer und Ägypter mit dem Schlafe kämpfen. So fahre ich zwischen der pelusischen Niederung und dem Lagunensee Menzalê hin, ohne ihrer gewahr zu werden. Kurz vor Mitternacht erreichen wir die Mündung des Kanals, wir fahren an dem Leuchtturm vorüber und landen im Mittelmeerhafen Port-Said. Musik tönt uns entgegen; es sind wohl auch hier Italiener in einer Schenke vereinigt, das Garibaldi-Fest zu feiern. Ein Dragoman vom Hôtel de France geleitet mich in diesen Gasthof unweit des Kais.

20. März. Ich bin früh aufgestanden, die köstliche Seeluft zu genießen und im Hafen nachzufragen, ob der russische Dampfer von Alexandria eingetroffen sei. Man zeigt ihn mir; er heißt Rostoff. In seiner Nähe liegt ein englischer Indiendampfer mit dem großen Namen Roma; seine riesigen Verhältnisse machen ihm und England Ehre. Während ich diesen Koloß bewundere, treten drei Deutsche an mich heran; wir stellen uns einander vor; es sind zwei Stuttgarter und ein Königsberger. Auch sie wollen nach Jerusalem. Das gemeinsame Ziel knüpft auf der fremden afrikanischen Erde augenblicklich ein Band um uns vier Reisende; wir betrachten uns als Gefährten, welche eine und dieselbe Mysterienweihe nehmen wollen. Diese Herren haben gestern das englische Schiff besucht, und sie schildern mir seine prachtvolle Einrichtung. Die Roma hat eben die Anker gelichtet; sie dampft dem Kanal zu, und ihre Maschinen wühlen das Meer so mächtig auf, daß der Wellenschlag einen Nachen und seinen Führer umwirft, welche in diesen Strudel geraten sind.

Der Rostoff wird erst abends in See gehen; ich habe also Zeit, Port-Said kennen zu lernen. Auch diese Hafenstadt, ein ehemaliges Fischerdorf auf einem Landstreifen zwischen dem Menzalêsee und dem Meere, ist eine Schöpfung des Suezkanals, und wie Ismailia eine Oase im Wüstensande. Sie wächst mit jedem Jahre; ihre Lage könnte sie zu einer Rivalin Alexandrias machen, wenn sie über die Künstlichkeit ihres Daseins jemals hinauszukommen vermöchte. Unvergleichliche Häfen und das reiche Kulturland des Delta sichern der schönen Meerkönigin Alexandria für immer den Thron Afrikas.¹ Port-Said mit seinen geraden Straßen von ganz europäischem Charakter bietet nichts Merkwürdiges dar, außer dem Treiben der Schiffe und Schiffer auf dem Meere und Kanal und dem Gewühl von Arabern und Matrosen der seefahrenden Abendländer. Jeder Schritt ins Freie führt in den Dünensand, welcher meilenweit die See umfaßt.

Ich bin durch die arabische Vorstadt gegangen, die ihr Leben der Wüste abgerungen hat, und wo die elenden Häuser und Hütten ein ganz provisorisches Ansehen haben. Eine Karawane von Kamelen durchzieht sie, die mit Kohlen beladen sind, und eine Horde von struppigen Menschen, Fremdlingen auf diesem ägyptischen Boden, stellt sich meinen Blicken dar: die Skythen des Herodot, mit langen blonden Haaren und dichten Bärten, in grauen Kaftans, schmutzige Pelzmützen auf den Köpfen, große Stäbe in den Händen. Es sind russische Jerusalempilger vom Rostoff. Die Urbarbarei der Steppe und der Druck des stupiden Despotismus von Jahrhunderten spricht aus ihrer Erscheinung. Der zerlumpteste Türke und der verhungerte Beduine Arabiens sieht neben ihnen aus wie ein Mensch vom Adel einer höhern Rasse, welcher freilich verkommen ist, aber doch in Anblick, Gang und Haltung den Stempel der Sonne des Orients trägt. Sind dies die künftigen Herren Konstantinopels? Schon die Byzantiner klagten über das Eindringen der Sarmaten des Nordens in ihre schöne

1 Die Stadt, deren Schönheit ich vor wenigen Monaten bewundert hatte, ist jetzt ein Trümmerhaufen, und dieser bleibt, wie immer man das rücksichtslose Bombardement der Engländer beschönigen mag, als ein Brandmal an der Geschichte Englands unter der Regierung Gladstones haften.

Hauptstadt; in seiner Königsrede hat Synesius von Cyrene sie ganz so abgeschildert, wie ich sie hier vor mir finde. Ich wollte sie nicht als Staffage in den Paradiesen am Goldenen Horn und Bosporus sehen, wenn die untergehenden Osmanli daraus werden verdrängt sein.

An der Mittagstafel im Hotel sitzen mir zwei junge Männer gegenüber, welche ich an ihrem lateinischen Wesen sofort als Italiener erkannt haben würde, auch wenn sie kein Wort geredet hätten. Sie fixieren mich, wie jemand, den sie zu erkennen glauben, und ich schüttele ihnen voll Freude die Hände, sobald sie mir sagen, daß sie Römer seien, Romani di Roma, der eine ein Ingenieur aus der Via Monte-Brianzo, der andere ein Arzt aus der Babuino. Auch sie wollen nach der Davidstadt und die Stätte des Tempels sehen, welchen ihr Vorfahr Titus zerstört hat, wie noch sein Triumphbogen am Forum es bezeugt. Nächst den Juden in der Diaspora haben gerade die Römer den am meisten geschichtlichen Bezug zu Jerusalem. Wir sind also sechs zusammengehörige Pilger, vier Deutsche, zwei Römer, und wir repräsentieren das ganze römische Imperium im Altertum und Mittelalter.

Um 4 Uhr nachmittags steigen wir aufs Schiff; es ist geräumig und sauber. Vom Bord betrachte ich das Gemälde des Hafens und die Wüste ringsumher. Für den Abschied vom Pharaonenlande liegt mir der Ersatz nahe: nämlich Asien. Der Europäer hat kein sympathisches Verhältnis zu Afrika; die Rätsel dieses furchtbaren Weltteils, dessen uralte Zivilisation als Mumie im Wüstensande versunken liegt, reizen seinen Forschungstrieb; aber mit Asien, von dem alles Leben der Geschichte ausgeströmt ist, verbinden ihn die tiefsten Probleme und Interessen des Menschengeschlechts.

Die Passagiere der ersten Klasse sind nicht zahlreich; zwei russische Prinzessinnen haben, so geht die Sage an Bord, aus Pilgerdemut die zweite Klasse bezogen. Ich mache die Bekanntschaft eines deutschen Juden, eines jungen geistreichen Mannes, in dessen Person mir die brennende Semitenfrage hier vor den Toren Jerusalems entgegentritt. Er will von Jaffa nach Askalon und Gaza reisen, um ein Stück Land zu suchen, wo seine unglücklichen, aus Rußland vertriebenen Glaubensgenossen eine Kolonie gründen könnten. Die Vorstellung tritt uns nahe, die semitische Frage beim Zerfall des türkischen Reiches aus Europa zu schaffen und in Palästina abzulagern, wo man das jüdische Königreich etwa unter einer Dynastie Rothschild wieder aufrichten könnte.

Leider ist dieser schöne Plan unausführbar, selbst wenn man den Juden gestattete, neben der Omarmoschee auf Moriah den Tempel neu aufzubauen; denn Jerusalem kann nie mehr die ausschließliche Hauptstadt der Juden sein; sie ist zum allgemeinen Heiligtum für die drei großen Religionen geworden, die im Semitentum wurzeln, und dem Moslem gerade so ehrwürdig wie dem Christen. Die hebräische Sprache ist als lebendige Nationalsprache untergegangen; die Juden in der Diaspora sprechen die fremden Landessprachen, in Ägypten und Syrien arabisch. Würden sich die Hebräer selbst aus Europa verbannen, den Geldmarkt dort und alle andere in der Ökonomie des Staates und dem Kulturleben von ihnen eroberte Macht aufgeben wollen, um sich den messianischen Propheten zu Liebe in der Wüste Kanaans wie in ihrem großen geschichtlichen Ghetto einsperren zu lassen? Die Völker und Pharaonen Europas erdrücken Israel nicht mehr, wenn sich auch heute wieder der alte Judenhaß im Pöbel regt. Und hat nicht eben erst einer von den Sephardim das Weltreich England regiert, wie vor ihm Joseph das Ägypterland?

Zwei Franzosen, das nationale Eitelkeitsbändchen im Knopfloch, reisen mit uns nach Jerusalem, dort die Aufnahme von 500 Pilgern vorzubereiten, welche aus Südfrankreich im Mai eintreffen sollen. Ich wundere mich, daß sie dafür nicht das Osterfest gewählt haben.

Unser Dampfer ist in Wahrheit ein Pilgerschiff. Heimziehende Mekkapilger und Jerusalempilger sind auf ihm zusammengetroffen. Die Repräsentanten der Religionen des Morgen- und Abendlandes sind hier vereinigt, ohne sich zu vermischen. Der dritte Platz ist eine Arche Noah, ein Heerlager, worin Araber, Perser, Türken, Griechen und Russen sich gruppenweise zur Nacht einrichten. Die bunten Turbans und Shawls, Gewänder und Teppiche bringen in diesem Wirrsal ein prächtiges Farbenbild hervor, welchem die graue Masse der Russenpilger zur Folie dient. Welche schöne ausdrucksvolle Patriarchenköpfe sind unter diesen Orientalen zu sehen. Ich bewundere einen alten Mann mit rotem Turban; er raucht teilnahmlos sein Nargilê, während er auf einem persischen Teppich kauert.

Das Schiff ladet Datteln und Baumwolle für Odessa ein; immer neue Barken kommen heran; unter wildem Geschrei der Araber und Neger unten und der Bootsleute oben werden die Ballen herausgewunden, und mit dem Ruf «Maina!» in den Schiffsraum versenkt. Also auch hier in Afrika derselbe Ruf *Maina*, den ich so oft bei ähnlicher Gelegenheit gehört habe. Er ist italienisch; *mainare* oder *ammainare* sagt man vom Einziehen der Segel oder vom Niederlassen der Flagge. Die Franken haben dies Wort nach dem Orient getragen, und hier erschallt es in den Seehäfen seit mehr als 1000 Jahren.

Maina! maina! und kein Ende! Ein paar Bootslängen von uns entfernt ist ein englischer Dampfer in gleicher Tätigkeit: er ladet Kohlen ein; zwei große Flöße liegen an beiden Seiten neben ihm, und offene Feuer brennen darauf. Der hohe Leuchtturm an der Kanalmündung wirft sein geisterhaftes elektrisches Licht aus; rote und weiße Flammen brennen auf Feuerschiffen. Endlich werden die Anker des Rostoff aufgewunden; die letzte Last ist eingeladen, die hölzerne Decke verschließt den Schlund des Schiffes. Die Schraube bewegt sich, und so lebe wohl, dunkler, schrecklicher Weltteil Afrika! Es ist dieselbe ägyptische Götterdämmerung im Westen, es sind dieselben Sternbilder, der Sirius, Orion und Aldebarán, die ich wieder vom Schiff betrachte.

Heute ist die Frühlingsnachtgleiche: das Fest des wiedererwachenden Adonis. Dies erhöht meine Stimmung. In dieser Nacht führt mich ein Pilgerschiff von den Gestaden Ägyptens nach der heiligen Asia.

21. März. Dies ist ein großer Tag der Lebensfeier, wo ich zum ersten mal meinen Fuß auf das Morgenland setzen werde. Ein Grieche würde sich dazu bekränzt haben. Schon dreimal habe ich solche weihevollen Augenblicke gefeiert, die dann über der Niederung des Lebens als sonnige Gipfel stehen bleiben: als ich zum ersten mal Rom sah, als ich die Akropolis Athens erblickte, als ich den Pharus Alexandrias, das große Licht Afrikas, über dem Meere aufflammen sah.

Ich bin früh auf dem Schiffe oben. Die Luft ist kühl; das wellenlose Meer schimmert weißlich von der Alba; dann steigt die krokusfarbene Aurora auf, dann blitzt die Frühlingssonne Asiens mit ihren ersten Strahlenspitzen empor. Ich sehe sie voll Andacht aus ihrer eigenen Wohnung treten.

Es ist die Sonne des Orients, der Gott der Urreligion der Menschheit, der Baal und El Syriens und Kanaans, der Adonis der Phönizier, der Ormuzd der Perser, der Helios der Hellenen, der älteste und beste der Götter der Erde. Ein Schiffer weist mir einen dunkeln Saum im Lichtnebel des Ostens; es ist das Ufer Palästinas. Um 7 Uhr wird die Küste deutlicher – ein weißer Sandstreif, über welchem sich ein dunkler, niedriger Gebirgszug hinzieht; es sind die Berge Juda und Ephraim.

Um 10 Uhr haben wir uns Jaffa genähert. Die uralte Philistäerstadt, die älteste der Welt für Plinius, bedeckt ein mäßiges Vorgebirge an der Sanddüne; sie steigt als Pyramide von Häuserwürfeln auf, aus welchen hier und da ein Minarett hervorragt. Nordwärts eine Gartenwildnis, die berühmten Orangenhaine, und manche Palme wiegt ihre Krone in der heitern Luft; im Hintergrunde ein blauer Höhenzug, einförmig und ungegliedert: dort hinüber führt die Straße nach Jerusalem; unten weite Gefilde, die vielgepriesene Ebene von Saron. Alle Erinnerungen, welche der Anblick dieses geheimnisvollen Landes in mir wach ruft, drängen sich erst in Namen zusammen: Phönizien, Philistäa, Kanaan; sodann tritt die Vorstellung der Pilgerzüge der Menschheit hinzu, der Flotten der Kreuzfahrer, der Helden und Könige, die um dieses Eingangstor Jerusalems gekämpft haben, wie Richard Löwenherz und Saladin.

Jaffa war immer der Schrecken der Seefahrer und Jerusalempilger; sein Strand ist hafenlos, die Schiffe nahen sich ihm nur auf eine Viertelstunde und werfen dann die Anker aus. Zwischen flachen Klippen müssen die Barken hindurch; sie zerschellen, wenn die See unruhig ist. Weil man mir in Ägypten gesagt hatte, daß es immer ungewiß bleibt, ob die

Turm von Ramla, 22. März 1882

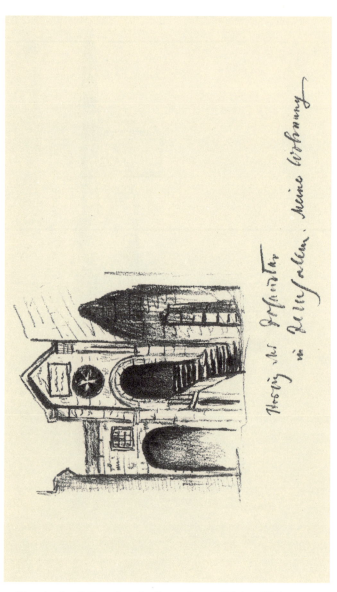

Hospiz der Johanniter in Jerusalem, «Meine Wohnung»

Dampfer Reisende bei Jaffa ans Land setzen können, und daß sie oftmals dort vorüberfahren, um erst in Haifa anzulegen, so war ich mit Zweifeln von Port-Said abgefahren; aber das Meer liegt sanft wie ein Teppich um die Küste Kanaans gebreitet.

Der Rostoff ist von Barken umschwärmt, unter denen rote Fähnchen die Boote der Gesellschaften Cook und Howard zu erkennen geben. Wie im Sturm wird der Dampfer von halbnackten Arabern erstiegen, welche mit Geschrei sich der Reisenden und ihres Gepäckes zu bemächtigen suchen, während das Gewühl tobender Menschen auf den zusammenstoßenden Booten eine Szene darbietet wie vom wildesten Seegefecht. Die neapolitanischen Schiffer sind phlegmatische Menschen im Vergleich zu diesem Küstenvolk hier, und ihre melodische Sprache ist Musik neben den häßlichen gurgelnden Kehllauten dieser schreienden Araber. Ich bin vom Lärm betäubt; mir wird zu Mute, als sei ich unter ein fremdes Barbarenvolk verschlagen, unter die Philister, welche den Fischgott Dagon anbeten, oder in die Zeiten, wo Perseus die hier an den Felsen geschmiedete Andromeda vom Meerungeheuer befreit, oder wo der große Fisch den unverdaulichen Propheten Jonas verschlungen hat. Denn diese Meermythen spielen bekanntlich in Jaffa.

Meine Stuttgarter Freunde hatten ihr Eintreffen einem Landsmann hier zuvor angemeldet, und das ist jetzt ein Glück für uns. Der Arzt der Tempelkolonie holt uns mit einem Boot ab. Wir werden in dasselbe vom Bord des Dampfers unter dem Gedränge vieler Pilger von Arabern eher hinabgeworfen als hinabgelassen, und es gilt, mit Geschick die Glieder zu wahren.

Am Kai steht dichtgeschartes, schreiendes Volk; wir müssen uns den Durchgang zwischen aufgetürmten Baumwollenballen erkämpfen, und dazu versperrt noch ein niederkniendes Lastkamel den engen Paß. Der Doktor führt uns unbelästigt der Douane vorbei. Wir durchwandern erst einen Teil der untern Stadt, schmutzige, malerische Viertel, die von zerlumpten, bronzefarbenen und schwarzen Menschen wimmeln. Der erste Eintritt in das Gelobte Land verheißt wenig Gutes. Wir haben zwanzig Minuten weit bis zum Hotel Hardegg in der deutschen Tempelkolonie, nordöstlich von Jaffa. Wir gehen auf einem sandigen Wege neben hohen Kaktushecken und ummauerten Gärten hin, aus denen der Duft der Orangenblüten quillt. Auch Jaffa und sein Kulturland ist nur eine Oase im Wüstensande Palästinas. Seltsam mutet mich der Gegensatz der Kolonie, in welche wir einziehen, zu Jaffa an: ein württembergisches Dorf, neben der Jahrtausende alten schwarzen Philistäerstadt. Schwäbische Kinderlaute, schwäbische Menschen, breitschulterig und schwerfällig in ihren Bewegungen, gekleidet wie ihre Brüder am Neckar, empfangen uns. Nichts ist uns hier fremd als der Name Jerusalem auf dem saubern Gasthause, in welches uns sein Besitzer führt, Herr Hardegg, der Sohn des Gründers der Tempelkolonie. Ich übersehe aus meinem Zimmer die Oberstadt Jaffa, das phönizische Meer, die in der Sonne leuchtenden weißen Dünen, üppige Orangenhaine, Gärten voll Palmen und Bananen. Dies Land könnte wohl ein Paradies sein unter einer mächtigen Regierung, die den Hafen wieder bauen und Straßen in das Innere ziehen würde. Es ist kaum begreiflich, daß Jaffa, der Hafen Jerusalems, trotz seiner Lage zwischen Alexandria, Beirut, dem Sinai- und Jordanlande noch immer einer der am meisten vernachlässigten Orte Syriens geblieben ist.

Jeder Europäer, welcher hier zuerst den Orient betritt, wird einen mächtigen Eindruck der morgenländischen Natur und ihres fremdartigen Menschenlebens empfangen. Es ist auch hier schon ein Rassengemisch von Türken, Arabern und Armeniern, von Juden, Kopten und Negern aus dem Sudan, während Europa durch die Klöster der Griechen und Lateiner vertreten wird. Karawanen beleben die Straßen der Stadt, und das Treiben auf dem zerlumpten Bazar gewährt Unterhaltung genug. Aber ich bin aus Kairo gekommen, daher kein Fremdling mehr im Orient, und Jaffa ist nur durch sein Alter und seine Geschichte, nicht durch seine Monumente merkwürdig. Wenn diese Stadt im hebräischen Altertum die Schöne hieß, so könnte sie heute die Häßliche genannt werden. Der Häuserklumpen auf der Höhe mit seinen engen, schmutzigen Gassen ist wahrhaft abschreckend; aber ich kenne in Latium und der Sabina Orte genug, die das nicht minder sind.

Wir stärkten uns durch ein reichliches Mittagsmahl und weißen Wein von Hebron, der Stätte Abrahams. Dann gingen wir, die Kolonie der schwäbischen Heiligen kennen zu lernen. Es gibt vier deutsche Kolonien in Palästina, diese bei Jaffa, in ihrer Nähe Sarona, die von Haifa unter dem Karmel und Rephaim bei Jerusalem. Auch sie stehen im Kausalzusammenhang mit den Pilgerfahrten und Kreuzzügen; sie nennen sich auch Templer. Aber wenn die lateinischen und griechischen Klöster in der *Terra sancta* mit ihrem zum Teil reichen Landbesitz hier geschichtlich festgewurzelte Institute sind, deren Fortbestand durch die Macht der Kirche und des Staates gesichert ist, denen sie angehören, so mag man sich vorstellen, wie schwer eine kleine abgeschlossene Gemeinde von Schwärmern im Heiligen Lande um ihr Dasein zu kämpfen hat. Die deutschen

Kolonien hier sind nur Ableger des Tempels der freien Religionsgesellschaft in Württemberg. Da sie als ausgewanderte Sekte außerhalb der Kirche und des Staates ihrer Heimat stehen, sind sie auf sich selbst und den Zuzug von Württemberg her angewiesen. Sie sind Handwerker und Ackerwirte. Die gleiche mystische Ansicht, daß, nachdem Christus die soziale Frage gelöst hat, Palästina das auserwählte Land sei, wo die christliche Brudergemeinde sich verwirklichen soll oder die messianische Erwartung der Wiederkunft des Weltheilandes, kann schwerlich ausreichen, diesem halbkommunistischen Verein die Fortdauer zu sichern. Seit dem Zerwürfnis zwischen ihren beiden Propheten gehören auch nicht alle Kolonisten mehr zur religiösen Gemeinde, alle aber zur politischen, welche den Gemeinderat wählt.

Der ältere Hardegg und Hoffmann stifteten die Kolonie im Jahre 1868, nachdem hier eine Niederlassung amerikanischer Mormonen verunglückt war. Im Jahre 1871 hat Hoffmann die zweite Kolonie Sarona von Jaffa aus gegründet. Die Ansiedler kauften Land von den Fellahin und einem griechischen Kloster. Sie entrichten an die türkische Regierung wenig Grundzins, die Handwerker sind fast ganz steuerfrei. Man hat mir die Zahl der Kolonie Jaffa auf 150, die Saronas auf 250 Seelen angegeben. Die Klimafieber haben viele Ansiedler hingerafft; jetzt hofft man, daß der Suezkanal mehr Regenniederschläge herbeiführen werde. Die Vermehrung der Kolonisten ist schwach, zumal die Sterblichkeit der Kinder groß ist. Ich empfange hier nirgends einen Eindruck von Dürftigkeit, sondern überall den eines genügenden Zustandes; doch wirkliche Wohlhabenheit und voller Lebensgenuß treten mir nicht entgegen. Der Geist dieser Pietisten im freiwilligen Exil unter fanatischen Türken und raubgierigen Arabern erscheint mir gedrückt und freudlos. Die dämonische Macht einer religiösen Phantasie hat diese Schwaben nach Kanaan getrieben, aber die harte und gemeine Wirklichkeit spottet der messianischen Ideale. Als die alten Phönizier von Sidon und Tyrus ihre Kolonien gründeten, bauten sie wohl als deren Mittelpunkt einen Tempel der Astarte, aber ihre Faktoreien und Handelsschiffe waren das Reale dabei. Ich lese auf dem Hause eines Sattlers Müller – denn auch in Kanaan entrinnt man diesem Namen nicht mehr – folgenden Spruch geschrieben: «Dein Wort sei meines Fußes Leuchte und ein Licht auf unserm Wege, Psalm 119.» Dann fällt mir die Gemeindetafel ins Auge mit einem Aufruf der vereinigten deutschen Kolonien Jaffa und Sarona zur Feier des Geburtstages des Kaisers morgen, am 22.März. Auf der Kolonie Jaffa soll um 6 Uhr frühe Tagwehr stattfinden vom jaffaer Musikchor, sodann Empfang auf dem Konsulat und Festgottesdienst; nachmittags Festversammlung in und vor dem Gemeindesaal: Nationalhymne und Gesangvorträge vom Männerchor Sarona und vom jaffaer Sängerbund. Um 5 Uhr abends Schluß durch eine Ansprache des Gemeindevorstandes Klenk. Also auch nach Kanaan haben die Schwaben aus der Heimat Uhlands die Luft zum Gesange mit sich gebracht. Wenn nichts anderes mehr diese Träumer zum Heimweh aufregen kann, wird es noch das deutsche Lied vermögen. Auch sie hängen noch immer am fernen Vaterlande. Wenn irgendwo sonst, kann ich mich in Philistäa davon überzeugen, daß wir Deutsche endlich an Kaiser und Reich ein festes Band besitzen, und daß keine Zone der Welt so weit vom Vaterlande entfernt liegt, wo dessen nationale Einheit nicht von Deutschen empfunden und gesegnet wird.

Wir haben manches freundliche Haus in der Kolonie besucht, und vor allem dem Arzt Dr. Lorch unsern Dank abgestattet. Er bewirtete uns im Kreise seiner jungen Familie mit schwäbischen Brezeln und weißem Wein von Jerusalem. Da der deutsche Konsul in Jaffa, Simeon Murad, ein wohlhabender Armenier, nicht anwesend war, forderte uns der Doktor auf, einen reichen Russen zu besuchen, welcher sich seit Jahren in der Kolonie niedergelassen hat und hier als zugewandter Freund und Gründer eines Hospitals hohe Achtung genießt. Er besitzt ein schönes Haus in der Nähe des Hotels Jerusalem. Herr O. gehört nicht zur Tempelgemeinde, aber er scheint sich doch in ihrer religiösen Atmosphäre wohl zu fühlen.

Ein kräftiger Sohn des Nordens, von Kopf bis zu Fuß wie ein Pflanzer in den Tropen weiß gekleidet, empfing uns mit großer Liebenswürdigkeit, und wir entdeckten bald in ihm einen gründlichen Kenner Palästinas und Phöniziens, dessen Trümmerstädte er mehrmals besucht hat. Er lud uns zu einer Fahrt nach dem Nahr el Audje ein, welcher nächst dem Jordan der wasserreichste Fluß Kanaans ist und sich einige Millien oberhalb Jaffa ins Meer ergießt.

Der Wagen ist schnell bereit; ein arabischer Dienstmann reitet ihm als Sais vorauf. Es geht auf sandigem Wege fort, zwischen Kaktushecken und Orangengärten. Die Orangen Jaffas sind weit berühmt; sie werden massenhaft bis nach Konstantinopel und Odessa verschickt; die Deutschen kultivieren sie nicht. Wir fahren in der Ebene Saron hin, den Blick auf das Meer und die blauen Berge Juda gerichtet, zu deren Füßen sich diese weiten Gefilde niedersenken, teils ein fruchtbares Ackerland, teils ein steppenartiges Weideland für Herden, und auch Gazellen finden sich hier ein. Sandstreifen, öde Hügel und tiefe Wadi, d. h. Talfurchen, durchbrechen die große Ebene. Ich suche vergebens die Rosen Sarons, aber der Frühling prangt auf Höhen und in Tälern mit dem herrlichsten Schmuck der Lilien, Zyklamen und zahllosen Anemonen, die von so tiefem Purpur glühen, wie zur selben Stunde ihre Geschwister an den Ufern des Ilissos in Attika. Ich finde auch Hügel dicht mit Asphodelen bewachsen, die mich an die Campagna Roms erinnern. Die Oleanderbüsche sind heute noch blütenlos.

Die deutschen Ansiedler haben eine gute Fahrstraße nach Sarona angelegt, und wir besuchen auch diese Kolonie von Ackerbauern und Viehzüchtern. Sie steht auf einer wohlbebauten Hochfläche, eine Straße von freistehenden Häusern bildend, wie aus der nürnberger Schachtel. Eine Kirche gibt es hier nicht; die Frommen versammeln sich im Gemeindesaal, und jeder kann predigen, wenn er vom Heiligen Geist ergriffen ist. Herr Dreher aus Meyringen ist seit sieben Jahren Vorstand der Kolonie und zugleich ihr Schullehrer. Er zeigte uns den Betsaal, der auch Schulsaal ist; Säulen stützen ihn; auf einer steht geschrieben: «Von Zion wird das Gesetz ausgehen.» «Selig ist der da hält die Worte der Weissagung.» Dieselben nichtssagenden Sprüche sind in arabischer Schrift wiederholt; denn auch diese schwierige Landesprache wird, wie das Französische, in der Schule gelehrt. Der Sohn des Vorstandes zeigte uns seine sauber geschriebenen arabischen Hefte.

Ich habe selten mit so viel Behagen an einem gastlichen Tische gesessen, als hier in Palästina bei schwäbischen Bauern. Der Honig, den man uns vorsetzte, erschien mir schon deshalb köstlich, weil ich mir vorstellte, daß er aus den Blumen Sarons gezogen sei. Wenn Milch und Honig noch der Inbegriff des Reichtums des Gelobten Landes sind, so scheint hier davon genug zu fließen. Auch die

Weinrebe wird hier fleißig gebaut. Kanaan war immer ein Weinland, die Hebräer haben die Gabe des Noah-Dionysos nicht verschmäht. Die hebräische Poesie gebraucht, wie die hellenische, oft Bilder von der Rebe und Traube. «Mein Freund ist mir eine Traube Copher, in den Weingärten zu Engeddi», sagt Sulamith. Mit einem rankenden Weinstock vergleicht Hosea Israel. Die Weintraube war neben der Palme ein national-jüdisches Symbol; sie findet sich häufig auf den Münzen der Hasmonäer und ihrer Nachfolger, und immer ist sie dort als eine schwere Volltraube mit zwei kleineren Nebentrauben dargestellt. Selbst an der Halle des Tempels zu Jerusalem stand ein heiliger Weinstock, an welchem das Volk kostbare Weihgeschenke aufzuhängen pflegte.

Wir verlassen Sarona, um zum Fluß zu fahren. Durch menschenleere Fluren, ohne Weg und Steg, über Hügelgelände und grünende Täler, einmal sogar durch einen ausgetretenen Bach eilt das Fuhrwerk dahin. Herr O. zeigt uns eine Anhöhe, auf welcher der General Napoleon Bonaparte mit seiner kühnen Armee von Republikanern das Lager aufgeschlagen hatte, nachdem er vom Nil heraufgestürmt war, um Syrien zu erobern. Seit Gottfried von Bouillon das Gebirge Juda dort erstiegen hatte, um das Grab Christi den Moslems zu entreißen, waren gerade sieben Jahrhunderte verflossen, als der junge Frankenheld Bonaparte hier erschien. Heute begreifen wir, daß sein ägyptisch-syrischer Feldzug kein bloß chimärisches Abenteuer gewesen ist; vielmehr hatte er mit genialem Blick erkannt, daß hier die Pforte Indiens sei und die Achillesferse Englands. Einst wird wohl im Suezlande von noch unbekannten Schicksalsmächten der Hebel angesetzt werden, der den britischen Weltkoloß aus seinen Fugen hebt.

Auch Napoleon wollte Jerusalem erobern, wie Pompejus und Titus und Gottfried von Bouillon. Er gelangte nicht dorthin. Nachdem er Jaffa am 20. Februar mit Sturm genommen hatte, ließ er Renier hier zurück, rückte ostwärts nach Ramlê und zog dann nach wenigen Tagen wieder rückwärts gegen Saint-Jean d'Acre, wo er von den Türken mit Hilfe Sidney Smiths blutig abgewiesen wurde. Dort scheiterten seine syrischen Pläne. Er kehrte unter unsagbaren Mühen, nachdem Kleber am Tabor und Junot bei Nazareth das Türkenheer zersprengt hatte, nach dem Nil zurück, und England bewahrte siegreich die große indische Weltstraße, die es fortan als seine Lebensader bewahren muß. Auch Alexander der Große hat einst hier über Jaffa seine Makedonier südwärts nach Ägypten geführt. Nachdem er das phönizische Tyrus zerstört hatte, zog er vom Libanon durch Philistäa nach Gaza und Pelusium; das Nilland hatte er als den Schlüssel zur Herrschaft Asiens erkannt, und deshalb Alexandria gegründet.

Ich betrachte mit lebhafter Aufmerksamkeit den öden Hügel hier, das verlassene Denkmal der wunderbaren Napoleonslegende am phönizischen Meer, eine der fernsten Stationen, welche der ruhelose Eroberer in der Weltgeschichte zurückgelegt hat. Augenblicklich spiegelt sich in meiner Phantasie erst das Geburtshaus der Bonaparte in Ajaccio, dann aber jenes Haus bei Sedan, vor welchem im Jahre 1870 der Epigone in diesem Heldenepos nach der Schlacht der großen Katastrophe neben Bismarck saß, ein armer Sünder neben seinem Richter, einem ehemaligen märkischen Junker. *Sic transit gloria mundi.*

Wir erreichen den Fluß Audje bei El Djerid, einem Komplex von schwarzen Häusern und Mühlen mit gewölbten Türen und Hallen, in malerischer Trümmerhaftigkeit. Es ist ein lebhaft strömendes Wasser, beschattet von Baumwuchs, von Schilfrohr und, wie man mir sagt, auch von Papyrusstauden erfüllt. Palmen stehen hier in Gruppen. Dies kanaanitische Landschaftsgemälde wird durch Kamele vervollständigt, welche um die Mühlen versammelt sind. Die Sonne sinkt im Goldduft ins Meer, und sie übergießt die Berge Juda und die Ebene Saron mit fließendem Karmin.

Wir sind ins Hotel zurückgekehrt; die phönizische Nacht lockt mich ins Freie, zwischen den Gärten und dem Meer zu wandeln. Seine Rhythmen tönen wie Wellenschläge der Ewigkeit; aber ich bin aufrichtig, mir zu gestehen, daß noch nichts Beseligendes, daß kein triumphierendes Leben voll Schönheit und Dichtung, wie auf den Gestaden Griechenlands, mich hier aus dem Geisterodem Kanaans anweht. Eine graue gestaltlose Vergangenheit der semitischen Welt liegt um mich ausgebreitet; aus ihr dringen mit furchtbarem Ernst das Schicksal des Judenvolkes und die große Menschheitstragödie des Christentums auf mich ein. Der Genius dieses kleinen Landes, von welchem eine ewige Wirkung über die gesamte Erde ausgeströmt ist, erscheint mir rätselvoller und mächtiger als alle Kräfte der Weltgeschichte. Er hat die Menschheit, welche Hellas zu den olympischen Göttern erhoben hatte, ihres Triumphes entkleidet und in den Staub der Demut auf die Knie niedergeworfen; er hat sie beten gelehrt. Morgen werde ich Zion sehen. Wird diese Stadt der Verhängnisse mehr für mich sein als ein verwitterter Stein mit unlesbarer Inschrift?

Wir haben beschlossen, in der Frühe abzureisen und die Strecke nicht in zwei Tagemärschen zu Pferde, sondern in einer zwölfstündigen Fahrt zu Wagen zurückzulegen, welchen uns die Templer in Sarona stellen werden. Die beiden

Römer sind im Hospiz der Franziskaner der *Terra sancta* abgestiegen und wollen zu Pferde reisen. Mein Landsmann aus Königsberg hat einen Unglücksfall gehabt; beim Ausschiffen vom Rostoff haben ihn die Araber mit solcher Furie in das Boot geworfen, daß er sich den Fuß beschädigt hat. Wir lassen ihn in der Pflege der Frau Hardegg zurück. Er will uns nach Jerusalem nachkommen, wenn das möglich ist. Ich werde also morgen nur die beiden Stuttgarter zu meinen Reisegefährten haben.

22. März. Mit Tagesanbruch sind wir durch das jerusalemer Tor abgefahren. Der Wagen, ein graues Stück Altertum, ist mit guten Pferden syrischer Rasse bespannt. Unser Fuhrmann nennt sich stolz Edelmeier; er trägt einen weißen Sonnenhelm und sieht dadurch einem Tempelherrn etwas ähnlich. Wir schlagen die alte Pilgerstraße über Ramlê ein; sie ist heute bis Jerusalem fahrbar, obwohl manchmal in einem bedenklichen Zustande. Wenn die türkische Regierung die im Jahre 1873 eingeleiteten Vorarbeiten der Ingenieure für eine Eisenbahn nach Jerusalem weiter geführt hätte, so würden wir von Jaffa dorthin in weniger als drei Stunden gelangen, aber auch dies merkwürdige Land nur durchfliegen.

Vor uns liegt in der Morgensonne die Ebene Saron mit dem Gebirge Juda im Hintergrunde. Die Landschaft um Jaffa ist gut kultiviert; man sieht Wirtschaftshöfe; eine Reihe von Häusern auf einem Hügel wird uns als die von der *Alliance israélitique* gegründete Ackerbauschule bezeichnet. Fellahs ziehen mit ihren Eseln auf die Felder, und wir kommen an Kamelkarawanen vorüber. Selten erscheint ein Fuhrwerk mit Reisenden, ein jüdisches oder armenisches; denn Juden und Armenier sind jetzt die Konkurrenten der deutschen Templer geworden, welche früher allein die Gefährte gestellt haben. Von den Russenpilgern, von Pilgern überhaupt ist nichts zu sehen.

Ein graues Gebäude mit mehreren kleinen Kuppeln links am Wege fällt uns auf; es ist ein Weli oder Grabmal und hat neben sich einen fließenden Brunnen, wahrscheinlich eine fromme Stiftung des dort begrabenen Moslem. Die Kultur Kanaans beginnt mit der Zisterne. Die ältesten Tatsachen der Geschichte der Hebräer sind die Brunnen Abrahams bei Hebron, und die Geschichte der Araber beginnt mit dem Brunnen Ismaels bei Mekka.

Wir fahren zu einer Brücke hinab, die über eine trockene Talrinne führt; hier sind Araber beschäftigt, die Fahrstraße auszubessern, und dieser Anblick ruft die tröstliche Vorstellung hervor, daß es hier doch eine Regierung des Paschas von Jerusalem oder des Kaimakam von Jaffa gibt, welche für so etwas Sorge trägt. Auch der Anblick viereckiger Wachttürme erzeugt im Reisenden ein leises Gefühl von Sicherheit. Solche stehen, wie einst die Stationen an der persischen Königsstraße von Sardes nach Susa, in Abständen voneinander, und manchmal wird sogar ein bewaffneter Mensch vor ihnen sichtbar, von dem der Reisende freilich nicht weiß, ob er ihn für einen Wachtposten oder einen raublustigen Beduinen zu halten hat. Ganz fremdartig wirken die Telegraphendrähte, welche die Straße begleiten, Einschlagsfäden des großen Gewebes der Zivilisation, welches der europäische Geist über die Erde verbreitet. Er erobert auch Asien und setzt allmählich den größten Weltteil zu einem Appendix des Abendlandes herab.

Die Landschaft ist ernst und einförmig; ich finde nichts in meinen Anschauungen, was ich ihr vergleichen könnte, als die Fluren Etruriens, welche die Via Cassia durchschneidet, doch ist dies Gemälde hier feierlicher und erhabener. Der Odem der Wüste geht darüber hin. Diese Gefilde scheinen nur für die einfachsten altbiblischen Verhältnisse der Kultur geschaffen, ein ursprüngliches Hirtenland, eine von Hügelwellen durchzogene Steppe, überall fruchtbar, wo Wasser ist. Jetzt hat sie der Frühling mit Blumen und Grün geschmückt, aber viele rötliche Sandstreifen und Sandhügel tun dar, daß unten die Wüste lauert. Hier und da zeigen sich Dörfer, Klumpen von grauen Würfeln aus Stein, und dann liegen um sie her immer Felder, Olivenhaine und dunkle Baumgruppen, auch Grasflächen, auf denen Ziegen, Schafe und Kamele weiden. Die Landwirtschaft scheint hier dieselbe zu sein wie in Ägypten; auch hier besitzt der von Steuern bedrückte Fellah eigenen Boden, den er mit dem Schöpfrade bewässert; aber das meiste Land ist im Besitz wohlhabender Türken oder Armenier oder der lateinischen Klöster in Jaffa, Lydda und Ramlê.

Zwei Türme steigen links und rechts von unserer Straße auf über grünen Baumgruppen und anscheinend reich bebauten Gefilden. Jener ist das Minarett von Lydda, dem alten Lôd der Hebräer, und dieser der große Turm von Ramlê. Wir wollen Lydda und die Ruine der Grabkirche des Drachentöters Georg auf unserer Rückkehr von Jerusalem besuchen und lassen es deshalb liegen, um nach Ramlê zu fahren.

Dieser durch die Kreuzfahrer berühmte Ort, durch welchen eine Karawanenstraße von Ägypten nach Damaskus geht, sieht mit seinen Häuserreihen und jenem mächtigen Turm von fern sehr ansehnlich aus. Einige hohe Palmen steigen aus ihm empor. Für unsere Vorstellung ist die Palme vom Morgenlande unzertrennbar. Sie ist in Kanaan heimisch, und Phönizien hat von ihr den griechischen Namen (Phönix). Heute ist sie nur sparsam in Palästina, aber desto wirksamer in der Landschaft. Wenn ich hier Palmen über den schwarzen Häusern eines Ortes sich erheben sehe auf dem Grunde des lichten Himmels, rufen sie mir alte christliche Mosaiken ins Gedächtnis, worauf sie abgebildet sind mit einem Stern oder dem Vogel Phönix.

Ramlê heißt Sand; vom Sande hat auch dieser Ort seinen Namen, wie jener bei Alexandria. Aber die Wüste ist hier durch Wasseradern und Wasserleitungen der Kultur zugänglich gemacht, sodaß sich die Umgebung der kleinen Stadt als Oase darstellt, bedeckt von Kaktushecken, von Orangen-, Oliven- und Feigenbäumen, von Frucht- und Melonengärten. Ein fremdartiges Wesen empfängt mich hier: malerische Gassen mit würfelförmigen, überkuppelten Häusern, von einem seltsamen Volk bewohnt, welches bunte Gewänder und den Turban trägt. Eine Bazargasse mit ärmlichem Trödelkram; ein paar Moscheen; ein kleiner wüster Platz mit einem ummauerten Garten, woran das Gasthaus eines deutschen Templers steht. Nahe davor lagern Aussätzige, ihr Anblick ist grauenvoll; sie strecken ihre verstümmelten Hände aus und betteln in gurgelnden Tönen um eine Gabe. Zerlumpte Negerkinder umringen uns mit dem Geschrei «Bakhschisch».

Ob sie gern in Ramlê lebe, ob sie sich nicht nach Schwaben zurücksehne, das fragte ich unsere Wirtin, während sie uns Brot und Butter und weißen Wein aus Jerusalem vorsetzte. Sie antwortete mit Kälte: «Ich will nicht mehr nach Deutschland zurück; manche von uns taten das, und sie sind nach Jaffa und Ramlê wiedergekommen.» Eins wird man in Palästina an unsern Landsleuten nicht erleben: sie werden sich niemals in Türken und Araber verwandeln.

Aber wer weiß, ob sie das nicht täten ohne die Kluft der Religion; denn überall, vielleicht die Slavenländer ausgenommen, gibt der Deutsche so schnell seine Nationalität preis, daß ihn die Ausländer deswegen verachten.

Ramlê ist erst im 8. Jahrhundert von dem Omajjaden Suleiman erbaut worden. Die Stadt soll fest ummauert und blühend gewesen sein, als sie die Kreuzfahrer unter Gottfried auf ihrem Zuge nach Jerusalem besetzten, und dort fanden sie bereits eine christliche Gemeinde mit Kirchen vor. Sie gründeten hier wie in Lydda ein Bistum, dem sie durch die Erfindung Ansehen gaben, daß Ramlê mit dem alten Arimathia identisch sei. Sie bauten ein Kastell und die Johanniskirche, welche jetzt die große Moschee ist, Djami-el-Kebîr, ein solides Bauwerk von drei Schiffen mit starken Pfeilerbündeln und Arkaden im Spitzbogenstil. Wir hatten keine Schwierigkeit dort einzutreten, natürlich mit ausgezogenen Schuhen.

Die zweite einst berühmte Moschee der 40 Gefährten Mohammeds ist untergegangen; von ihr ist nur noch der große Turm stehen geblieben, das auf Meilenweite sichtbare Wahrzeichen Ramlês. Er steht ein wenig vom Ort entfernt, seitwärts von der Straße nach Jaffa. Ringsum liegen Trümmer von Hallen, welche einst den ummauerten Moscheebezirk, das Harâm, gebildet haben; an seinem Eingange von der Stadtseite her befinden sich Reihen von moslemischen Grabsteinen. In einer Nische des Gemäuers verrichtet eben ein Mohammedaner über einem Teppich sein Gebet, ohne sich durch die eindringenden Giaurs stören zu lassen. Die knienden Beter gehören zur Szenerie des Morgenlandes; ich betrachte sie so gern, wie die Muezzin, wenn sie auf der Galerie eines Minaretts erscheinen, um von Himmelshöhen herab die Gläubigen zum Gebet zu rufen. Bei den Mohammedanern ist, wie bei den alten Hebräern, die Religion noch immer der Rahmen, welcher das tägliche Leben umfaßt. Der Turm ist ein schöner Bau aus gelblichen Bruchsteinen, auf einer hohen Basis, über welcher sich drei durch Gesimse markierte Geschosse erheben; vom letzten blieb nur ein Rest übrig. Fenster durchbrechen die Geschosse, dreifache Spitzbogen bildend, die auf kleinen Säulen ruhen. Ich würde diesen Turm für ein Werk der Kreuzfahrer halten, wenn ich nicht belehrt wäre, daß er vom Mamlukensultan Ibn-Kalaûn im Jahre 1318 erbaut worden ist. Die arabische Inschrift über dem Portal soll dies sagen, wie der Professor Socin sie in dem ausgezeichneten neuen Reisehandbuch über Palästina und Syrien wiedergibt. Sepp liest statt Kalaûn den Namen Ibn-Saifeddin, und ich starre ratlos die arabische Inschrift an.

Ich werde fortan in Palästina, wie in Ägypten, manchem Sultansnamen begegnen. Aber was sind für uns Europäer Fatimiden, Eyubiden, Omajjaden und Mamluken, was Kalaûn, Bibars, Melik el Aschraf u.s.w.? Unsere humanistische Bildung umfaßt im ganzen nur den Kreis der alten Kulturwelt, und Namen der islamitischen Geschichte, so berühmt sie auch in Asien und Afrika sein mögen, muten uns viel fremder an als die der alten Könige Chaldäas und Persiens, oder der Pyramidenkönige von Memphis und Theben. Nur Saladin, das Ideal des morgenländischen Rittertums, tönt noch im Liede der Franken und in den Traditionen Europas fort. Im Jahre 1180 ist er hier von den Kreuzrittern geschlagen worden, dann hat er nach seinem großen Siege bei Hittin im Jahre 1187 Ramlê mit Sturm genommen und bald darauf Jerusalem erobert.

Bis Ramlê war Napoleon vorgedrungen; sicherlich hat er den Turm bestiegen, um das Panorama Judäas zu über-

Mar Saba, Turm der Eudokia, 26. März 1882

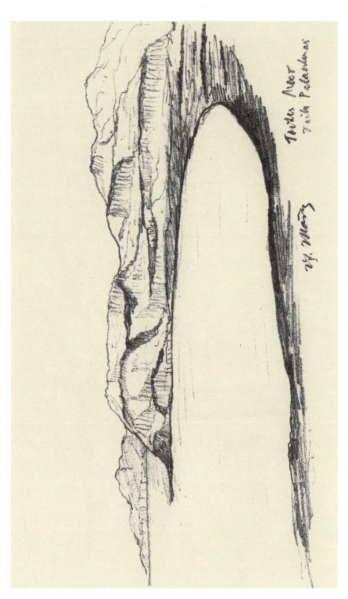

Totes Meer, 27. März 1882

sehen, und er hat von hier verlangende Blicke nach dem Nebi Samuel gerichtet, dem höchsten Gipfel, welcher in meilenweiter Ferne ostwärts über dem Gebirge Juda ungefähr den Punkt bezeichnet, wo die Stadt Davids liegt. Napoleon lagerte in Ramlê einige Tage. Er war damals jung wie Alexander der Große; die Wunderwelt des Orients regte seinen Geist auf; er hätte am liebsten sich die Wege durch Persien nach Hindostan gebahnt, und nur mit Schmerz hat er geträumten achilleischen Taten in Asien entsagt. Zwischen Kaktushecken und Gartenmauern suchen wir das Kloster der Franziskaner auf. Es war, wie Tobler berichtet, ursprünglich eine Pilgerherberge, welche der Herzog Philipp von Burgund im 15. Jahrhundert gestiftet hatte. Später siedelten sich hier die Franziskaner von Jerusalem an, und sie bauten das Kloster neu im 18. Jahrhundert. Die gastliche Aufnahme, welche es Napoleon gegeben hatte, büßte dasselbe nach dessen Abzuge, da arabische Horden die Mönche vertrieben. Der Guardian öffnete uns die Klosterpforte, welche, wie überall in den Konventen Palästinas, so niedrig ist, daß sie jeder Mann, und wäre er ein Held und König, nur tief gebückt durchschreiten kann. Wahrscheinlich ist auch die Himmelspforte, an welcher Petrus Wache hält, so eingerichtet. Aber nicht schlaue Demut, sondern Furcht vor den Beduinen hat die Mönche der *Terra sancta* bestimmt, ihre Klosterpforten eng und klein zu machen. Das Haus der Franziskaner in Ramlê, worin heute nur fünf Brüder leben, ist festungsartig ummauert, ein Labyrinth von Kammern, Stiegen, Galerien um einen steinernen Hof her. Ich vergaß nach der Zelle zu fragen, welche Bonaparte bewohnt hatte. Auch die Griechen und die Armenier haben in Ramlê Klöster. Die Mönche der christlichen Religionsgesellschaften dauern in Palästina fort als die alleinigen Nachfolger der Kreuzfahrer und die Repräsentanten der Ansprüche des Abendlandes auf das Heilige Land. Ihre leidensreiche Geschichte seit dem Fall des Königreichs Jerusalem, unter hundert Revolutionen und Tyrannen Syriens, ist nicht minder heldenhaft gewesen als die geräuschvollen *gesta Dei per Francos*.

Wir brechen von Ramlê auf um 10 Uhr morgens. Vor uns liegt näher gerückt das Gebirge Juda; es ist ohne schöne Formen, eine Kette fahler Felsgelände mit sparsamem Pflanzenwuchs. Das Land wird rauher und steiniger; grenzenlose Abgestorbenheit lagert auf ihm. Die Straße steigt auf und ab; zuweilen durchschneiden wir einen Wadi, über welchen eine Brücke führt. In dieser einförmigen ernsten Landschaft herrschten einst kleine Könige der Kanaaniter; es gab hier Städte mit festen Burgen, mit Opfersteinen und Baalstempeln, ehe die Hebräer von Gosen her das Ost- und Westjordanland überzogen. Nichts wissen wir von dem Altertum Philistäas als ein paar Namen aus der Zeit, wo die getrennten Stämme Israels mit den Philistern hier in heißen Kämpfen lagen.

Die Orte auf den Vorhöhen des Gebirges sehen alle schwarz und unwohnlich aus, wie die Fellahdörfer im ägyptischen Delta; sie sind ungefähr gebaut wie diese, aber nicht aus getrocknetem Schlamm, sondern aus Kalkstein. Nur selten verkündet ein hervorragender Bau in dieser gleichförmigen Masse von Steinwürfeln ein geschichtliches Leben oder eine soziale Scheidung der armseligen Bevölkerung. Hier und da zeigt ein gekuppeltes Grabmal die Stelle an, wo ein Scheich begraben liegt, der als Denkmal seines Lebens einen Brunnen *(Sebil)* zurückgelassen hat. Kaktus wuchert umher und umfaßt sparsame Felder, und zwischen verwitterten Steinen stehen melancholisch graue Olivenbäume oder dunkle Karuben. Da ist Kubâb, weiter Amwas oder Emmaus Nikopolis, und höher hinauf Betûr. Aus diesen Namen beginnt die hebräische Geschichte zu uns zu reden. Vor uns steht das schwarze Latrûn auf der Spitze eines Hügels. Ich bemerke unter diesem Ort ein einzelnes Gasthaus mit einer englischen Aufschrift, welche sagt, daß von hier das Tal Ajalon und die Makkabäergräber besucht werden können. Diese Namen erwecken unsere ermüdeten Lebensgeister. Ich nehme an, daß ich hier nahe am Tal Ajalon bin, dessen melodische Laute mir in der Kinderzeit, wo man die biblische Geschichte aus einem Schulbuche lernt, so wohl gefallen haben. Wahrscheinlich bezeichnet das Dorf Yaló auf der linken Seite unsers Weges die Stelle, wo Jehovah seinem auserwählten Volk zu Liebe die Gesetze der Natur aufgehoben hat, bis Israel seine Feinde geschlagen hatte. «Da redete Josua mit dem Herrn des Tages, da der Herr die Amoriter übergab vor den Kindern Israel, und sprach vor gegenwärtigem Israel: ‹Sonne, stehe still zu Gibeon, und Mond im Tal Ajalon!› Da stund die Sonne und der Mond still, bis daß sich das Volk an seinen Feinden rächte. Ist dies nicht geschrieben im Buch des Frommen?» Die wundervolle Naivität des alten heroischen Mythus ergreift mich im Anblick der braunen, schweigenden Talgelände, dessen Szene sie vielleicht sind, und wie hätte ich auch in den kühnsten Träumen der Kindheit jemals gehofft, mich einst hier zu finden, im Tale Ajalon. Ich atme hier zum ersten mal den Geist der hebräischen Poesie. Ihre kunstlosen Gestalten sind aus der Urwelt der Helden und Hirten hergenommen, von einer klaren, immer gleichen Lichtstrahlung des frommen Gefühls umgeben und aufgestellt in derselben einfach großen Szenerie des Morgenlandes, wo die Wüste das Meer ersetzt. Sie verlieren nichts neben der Ilias und Odyssee, neben Aeschylus und Sophokles. Als die Renaissance die Ideale der Griechen in das Formenreich der Kunst zurückführte, schöpfte sie auch zu derselben Zeit wieder aus dem ewig frischen Born der hebräischen Poesie, aber deren seelenvolle Erscheinungen sind nicht Gegenstände der Plastik, sondern der Malerei, und Rafael wie Michel Angelo haben die Stoffe ihrer schönsten Werke aus den Mythen der Bibel entliehen.

Wo sind die Makkabäergräber und wo ist Modin, die Stadt des Mattathias? Die Reste der Makkabäergrüfte mit sieben Pyramiden, welche Simon seinem Heldengeschlecht errichtet hatte, sind bei Mediye, östlich von Lydda und nördlich von Latrûn entdeckt worden, und da muß auch die Stelle von Modin gesucht werden.

In Latrûn, dem Torôn der Franken, stehen Trümmer eines Kastells. Der Ort galt den Kreuzfahrern als die Heimat des guten Schächers *(Latro)* – eine Namensspielerei; aber räubermäßig genug sieht Latrûn aus. Wir erreichen bald den Paß, welcher aufwärts zur Wasserscheide zwischen dem Mittelmeer und dem Toten Meere führt. Am Eingange dieses Wadi Ali steht ein einzelnes Wirtshaus, Bab el Wadi genannt, d. h. Tor der Schlucht. Wir halten hier die letzte Rast vor Jerusalem; ein deutscher Jude führt daselbst die Wirtschaft. Die Bergwände des Passes grünen von Gebüsch; der Ginster blüht in Menge, aber er ist nicht so üppig mit Blumengold bedeckt wie in Italien. Zyklamen und Anemonen hat der Frühling in Fülle hervorgelockt, während der Feigenbaum erst die Knospen treibt. Ich sehe hier überall die Flora des Mittelmeers, den wilden Oleaster, den Arbutus und Mastix, die Myrte und den Oleander.

Adler schweben über den grauen Talhöhen, und am Wege kriechen große schwarze Eidechsen, die mir aus der ägyptischen Wüste bekannt sind. In Schluchten und Höhlen haust die Hyäne und der Schakal.

Wir steigen auf nach Sarîs, einem schön gelegenen Ort, auf einer von Olivenhainen beschatteten Höhe, welche reichlich Wasser hat. Das beweisen Kinder, die mit Krügen auf der Schulter herbeigelaufen kommen; diese Gefäße sind schwarz mit grellroter Bemalung; man sagt mir, daß sie in Ramlê gefertigt sind. Hier ist der Hochpaß des Gebirges erreicht; wir wenden uns um, den letzten Blick auf das Land Philistäa zu werfen, und wir betrachten zwischen Olivenbäumen hindurch die weiten Ebenen niederwärts bis zum blauen Meere. Der Südost umschleiert dies Panorama mit leisem Dunst, doch sehe ich deutlich die weißen Sanddünen Jaffas und die Gestade nordwärts, selbst die Schaumbrandung der See.

Der große Anblick erinnert mich an die Pontinischen Sümpfe, wenn man sie von der Höhe Norbas erblickt. Dies zum Mittelmeer absinkende Land ist Kanaan, und eine unermeßliche Kluft der Kultur trennt die monotone Szene der Lieder Davids und Salomos von jener wechselvollen der Oden des Horaz und der Aeneide Vergils. An Rom hier zu denken, ist ein sehr natürlicher Vorgang; denn die Spuren der römischen Wölfin sind überall zu sehen, soweit sich der mediterrane Kulturkreis ausdehnt. Wenn ich auf das Meer dort blicke, welches die Tarsisschiffe von Sidon und Tyrus befahren haben, stehen vor mir das ferne Karthago und die Heldengestalten Scipio und Hannibal; und blicke ich ostwärts auf das Gebirge, so stehen vor mir Jerusalem, Pompejus, Titus und Hadrian. Dieser Bergpaß selbst ist ein Teil der alten Römerstraße, welche nach Jaffa und

Cäsarea Palästina geführt hat. Ich werde gleich einen Ort erreichen, wo ein römisches Kastell diese Militärstraße gedeckt hat.

Ein Reiter auf einem Esel gesellt sich zu uns. Er ist in einen gelb- und weißgestreiften Mantel gekleidet und trägt einen goldgelben Turban. Sein braunes, hageres Gesicht, mit sehr intelligentem Ausdruck, ist von einem gestutzten, schwarzen Bart umfaßt. Er grüßt mit gemessener Höflichkeit. Edelmeier flüstert uns zu, daß es der Schech von Abu Gôsch sei. Ich kenne diesen Namen aus Büchern; er gehört zur Geschichte Palästinas im Anfange dieses Jahrhunderts, wo der Räuberstamm der Abu Gôsch das Gebirge Juda bis über Jerusalem hinaus gebrandschatzt und die Christenpilger geplündert hat. Tobler erzählt, daß im Jahre 1815 der alte Abu Gôsch mit 6 Brüdern und 85 Söhnen seine Schreckensherrschaft bis zum Jordan ausgedehnt hatte, und daß noch zu seiner Zeit (1845 und 1846) zwischen dem jüngern Abu Gôsch und dem Pascha von Jerusalem nur ein fauler Friede geschlossen war. Seither ist die Familie verfallen, oder sie hat nur noch so viel Ansehen, als ihr der Name und das geminderte Besitztum geben.

Ich betrachte den Schech mit Neugierde, als den Sprößling eines mächtigen Araberclans, welchem vielleicht nur das Glück gefehlt hat, um groß zu werden, wie die Familie des Mehemed-Ali. So etwas wie Vornehmheit der Rasse spricht aus der Haltung des Schechs, während sein Blick zu sagen scheint: wie schade, daß ich nicht an das Geld und die Hälse dieser verdammten Feringhis kommen kann. Er reitet hartnäckig an unserer Seite; er dreht Zigaretten, um sie uns darzubieten, und unser Fuhrmann übersetzt uns seine Gurgellaute: der Schech ladet uns ein, die Jeremiaskirche in seinem Ort zu sehen, die er auch dem Sohne des

Sultans von Preußen (im Jahre 1869) gezeigt habe. Wir lassen ihm sagen, daß wir von seinem gütigen Erbieten bei der Rückkehr von Jerusalem Gebrauch machen wollen, und er verlangt schließlich, daß wir seinen Namen in das Notizbuch schreiben: «Ibrahim, Schech von Abu Gôsch.»

Da liegt dieses Abu Gôsch vor uns, ein malerisches Dorf, welches sich von einer Höhe in ein fruchtreiches, wohl bebautes Tal niedersenkt, mit braunen Häuserwürfeln, aus denen einige überkuppelte von stattlichem Ansehen hervorragen. Eine einzelne Palme steigert den Reiz dieses Gemäldes. Seitwärts steht ein schönes Bauwerk aus gelbem Quaderstein, die sogenannte Jeremiaskirche, ohne Turm, mit Bogenfenstern und Portal, fast bis zum Dachstuhl erhalten. Abu Gôsch soll das alte Kiriath Inarim sein, wo bis auf Davids Zeit die Bundeslade stand, welche die Philister den Juden abgewonnen, in ihrem Dagontempel zu Asdod aufgestellt und dann dem Könige Saul wieder ausgeliefert hatten. Von Kiriath Inarim ließ sie David in Prozession nach Jerusalem tragen, dem von ihm eroberten neuen Sitze des Reiches Israel. Aber nichts ist unsicherer als die Topographie des Heiligen Landes. Der jetzige Ort Abu Gôsch ist nicht alt: die Palästinaforscher bezeichnen ihn als einen der am besten gebauten und wohnlichsten in diesem Gebirge hier. Er hat Quellen und Brunnen, von denen einer den Namen Jeremias trägt. Wir fahren an ihm vorbei. Olivenhaine stehen um Abu Gôsch, und selbst Weingärten.

Der Schech verläßt uns um Eingange seines Ortes; wir sehen ihn in einer Gasse verschwinden, über welcher ein großes Haus mit einer Halle steht, vielleicht der Familienpalast seiner wegelagernden Ahnen.

Mehrere Orte zeigen sich auf kahlen Felsenhöhen: Soba, welches bei den Franken irrig für das alte Modin gegolten hat, Kulonie und Kastâl. Schon diese lateinischen Namen beweisen den römischen Ursprung. Sie stammen vom Kaiser Titus her, welcher nach der Zerstörung Jerusalems dort eine Veteranenkolonie angesiedelt und hier ein Kastell gebaut hatte, um die große Heerstraße zu decken. Sepp hat nachgewiesen, daß Kulonie das neutestamentliche Emmaus ist. Die Ortschaft bedeckt die Flanke eines Berges; ihre grauen Steinwürfel haben die Farbe der Felsen; kein Baum, keine Palme zeigt sich – alles ist tot und still; seitwärts stehen auf einem Felsengipfel die Ruinen einer Burg. Ringsum Bergkuppen, wüst und fahl, weite Flächen darbietend. Eine lange Karawane von Kamelen, eins hinter dem andern mit einem Seil verbunden, zieht hoch oberhalb Kulonie auf einem Saumpfade hin und zeichnet sich als Silhouette schwarz am Himmel ab, in einer Luft, die so transparent ist, daß meilenweite Gegenstände nahe erscheinen.

Die Straße führt jetzt im Zickzack in ein überraschend schönes, blühendes Tal hinab, voll von Olivenbäumen und ummauerten Gärten. Ein Wirtshaus mit russischer Inschrift steht nicht weit von einer steinernen Brücke; an seinem Tor kauert ein Araber in einem weiß- und schwarzgestreiften Mantel, eine Zigarette rauchend; sonst ist kein lebendes Wesen zu sehen. In diesem Tal soll David den Riesen Goliath erschlagen haben. Auch diese Mythe ruft mir die alte Bilderbibel zurück; ich merke, daß man nach Palästina reisen muß, um wieder jung zu werden. Dies ist das Land unserer Kinderträume; wie kein anderes in der weiten Welt ruft es diese zurück. Unsere ersten Vorstellungen sind von biblischen Szenen erfüllt. Also Kinder werden wir wieder in Palästina, und Jünglinge in Griechenland. Hier unter den Olivenbäumen des Talgrundes Kulonie tritt auch vor mich hin die leuchtende Marmorgestalt des David von

Michel Angelo aus dem fernen Florenz; ich sehe auch die Judith mit dem Haupt des Holofernes, und flüchtig überdenke ich, wie der Lebensstrom der Menschheit die Gestalten der Mythe über die Erde weiter trägt. Wir fahren aufwärts in einer Talrinne. Wenn wir diese Bergflanke erstiegen haben, werden wir die Mauern Zions sehen, doch nichts kündigt die Nähe der heiligsten Stadt der Menschheit an, nicht Gärten, noch Villen, noch irgendein von ihr ausstrahlendes Leben. Ein Fuhrwerk kommt herab; Juden sitzen in ihm, fremde aus dem Abendlande. Sie haben an der Klagemauer gebetet.

Manchmal öffnet sich ein Blick in ein düsteres Seitental; in einem solchen wird ein kastellartiges Kloster mit einer Kuppel sichtbar, es ist das Kreuzkloster der Griechen. Wir sind am Rande der Hochebene; ich suche in tiefer Erregung Jerusalem und sehe es nicht. Eine grabesstille Bergwüste, bleich und endlos, überstreut mit riesigen Felsblöcken, den verlassenen Sitzen der Sibyllen und Propheten; Talrinnen und Klüfte, starr und fahl, als hätte die Natur hier das Medusenhaupt gesehen; eine schauerliche Malstatt, als wäre hier Zion samt dem Volk Israel gesteinigt worden.

Ein schwarzer Wachtturm am Wege; links ein gelber Felsenhügel, der diese tragische Schaubühne überragt. Er trägt einen kleinen Ort, Nebi Samuel, wo einst die Kreuzfahrer diesem Propheten eine Grabkirche erbaut hatten. Sie sahen dort Jerusalem zuerst, als sie von Lydda heraufzogen, und da stürzten sie auf ihre Knie nieder und stimmten das Tedeum an. Sie nannten die Stelle *mons gaudii*. So hieß im Mittelalter auch der Monte Mario vor Rom, weil von dort die Pilger mit Jubelruf die heilige Stadt zu begrüßen pflegten; abendländische Wallfahrer haben jenen Namen von Rom her in die Nähe Jerusalems gebracht.

Wir fahren stumm und schwermütig über die Bergfläche hin. Hohe Gebäude mit Kuppeln tauchen vor uns auf, die russische Ansiedelung vor dem Jaffatore, dann einzelne Häusergruppen. Die Fahne des Deutschen Reiches weht hier und da von einem Dach; das große Waisenhaus Talitha Kumi und das Hospital der Leprosen haben sie aufgezogen, zum Kaiserfeste. Ich bin vor die heilige Stadt gekommen, ehe ich das weiß. Nur die altersgrauen, hohen, bezinnten Mauern vor mir mit drei riesigen stumpfen Türmen, welche die Davidsburg sein müssen, überzeugen mich, daß ich das große Ziel, Jerusalem, erreicht habe.

Zelte vor dem Hotel Pfeil, welches draußen am Jaffatore liegt, lassen uns ahnen, daß dies Gasthaus überfüllt ist. Der Wirt bestätigt es, doch will er uns für diese Nacht beherbergen. Kaum vom Wagen gestiegen, werden wir aufgefordert an der Feier des Kaisertages teilzunehmen, welche nicht weit vom Hotel in einem Olivengarten an der Schlucht Hinnom von den Deutschen Jerusalems begangen wird. Wir geben froh dem Kaiser, was des Kaisers ist, wir eilen fort, Blicke des Staunens und der Ehrfurcht auf die bleichen Quadermauern werfend, welche die Westseite Jerusalems so hoch umfassen, daß nichts von der Stadt zu sehen ist. Welche Szene hier für das Fest unsers Kaisers, unter den Ölbäumen eines verwilderten Gartens im Anblick Jerusalems! Sie ist tausendmal großartiger als das Kapitol in Rom, wo heute die deutsche Kolonie sich im Palast Caffarelli versammeln wird.

Wir sind zu spät gekommen; die vaterländischen Gesänge und Reden sind beendigt, aber wir finden noch etwa 60 Deutsche beisammen, und können uns auch dem neuen Konsul des Reiches vorstellen, welcher seit kurzem der Nachfolger Münchhausens geworden ist.

Ich bin noch allein durch das Jaffator in die Stadt gedrungen, aber bald wieder umgekehrt, zurückgescheucht von dem schauerlichen Dunkel der Gassen voll wankender Gestalten. Wir bringen die erste Nacht in Jerusalem neben dem Gasthofe zu, in einem kellerartigen Raume, worin die Luft kalt und fieberfeucht ist, wie in einer Katakombe. In der Grabesstille dieser Nacht könnte ich mir einbilden, das Gelächter der Hyänen zu vernehmen, die durch das Tal Josaphat schweifen und die Mauern Zions umirren, um welche her das Volk Israel begraben liegt.

2
Ritt nach dem Toten Meer

26. März 1882. Wir werden unsern Ausflug nach dem Toten Meer heute ins Werk setzen. Der Brief des griechischen Archimandriten an den Abt von Mar Saba, wo wir Nachtrast halten wollen, ist uns zugestellt. Als Schutzwache wird uns ein Sohn des Schechs von Abu-Dîs dienen, eines Araberhäuptlings, welcher von der türkischen Regierung das Recht gepachtet hat, Reisenden nach dem Jordan das Geleit zu geben. Für die Sicherheit einer Gesellschaft unserer Art genügt die Begleitung eines einzigen Beduinen; denn auf den Straßen zum Toten Meer und in den Jordanwüsten, wo die Araber des Ghôr wandern, wird der Salvakondukt jenes Schechs anerkannt.

Der Führer unserer kleinen Karawane ist Francesco Marûn, ein christlicher Araber, ein schöner Mann von einigen 30 Jahren und von den gefälligsten Manieren. Er erscheint mir als das Muster dieser merkwürdigen Klasse von Menschen, die man Dragoman nennt und welche der Reisende im Orient nicht entbehren kann. Sie sind alles für ihn: Dolmetscher, Cicerone, Makler, Diener und Gesellschafter. Das Institut der Dragomane ist vielleicht so alt wie der Verkehr der Europäer im Morgenlande, und etwas ihm Ähnliches mag schon zur Zeit des Strabo bestanden haben. Der Umgang mit gebildeten Reisenden jeder Nation drückt diesen gewandten Menschen ein kosmopolitisches Wesen auf; sie reden mehrere Sprachen, immer italienisch und französisch.

Wir haben einen Pakt mit Marûn gemacht in Bezug auf Pferde, Diener, Unterhalt und Nachtlager; dies erinnert mich an die Zeit, wo das gar nicht verächtliche Institut der Vetturine in Italien noch in Blüte stand. Wir wollen den Hinweg über Mar Saba, den Rückweg über Jericho nehmen. Zelte brauchen wir nicht, da wir unter Dach schlafen werden.

Um 1 Uhr nachmittags ruft man uns Deutsche aus dem Hospiz der Johanniter ab; denn die Karawane versammelt sich in der Christenstraße. Wir sind acht Mann zu Pferde, drei Deutsche, zwei Römer, der Dragoman, ein arabischer Koch und ein Neger als Packknecht. Erst in Mar Saba wird der Sohn des Schechs zu uns stoßen, denn bis dort hin sind die Straßen sicher.

Wenn die Empfindungen meiner Gefährten den meinigen gleichen, so ist der Stimmung eines jeden von uns etwas feierlich Erwartungsvolles beigemischt. Die Vorstellung, den Jordan und das Tote Meer zu erreichen, ist vielleicht aufregender als die Spannung auf andere in der Welt berühmte Orte. Unsere Phantasie hat sich seit der Kindheit Bilder von ihnen gemacht, und diese sind grelle Gegensätze; denn der Gedanke an jenen biblischen Strom zaubert uns ein Gemälde voll Sanftmut und Schönheit vor, während wir im Toten Meer alle dämonischen Schrecknisse einer Unterwelt vereinigt glauben.

Wir reiten zum Jaffator hinaus, hinunter ins Tal Ben Hinnom, die Gehenna des Alten Testaments. Diese Schlucht umfaßt die West- und Südseite Jerusalems. Der Berg Zion steigt über ihr steil empor. Sie mündet in das Bett des Kidron oder das Tal Josaphat, welches längs der Ostseite herabkommt, eine weite und tiefe Einsenkung, voll wunderbarer Grabmonumente. Die Mauern Jerusalems am

Tempelplatz stehen hoch über diesem herrlichen Tal, und auf der andern Seite neigen sich zu ihm die grünen Hänge des Ölberges und die Felshöhen Sîloas.

Der Frühling blüht jetzt hier: scharlachrote Anemonen sind wie Flammen ausgestreut, und Feigen, Granaten und Pfirsichbäume erinnern an die Königsgärten, die einst hier gelegen waren. Zwar ist der Kidron jetzt ganz wasserleer, aber das Tal tränken die lebendigen Quellen Aïn Silwân und Aïn Sitti Maryâm.

Wo sich beide Täler vereinigen, liegt der Hiobsbrunnen (Bir Eiyûb), welchen die Christen Nehemiahbrunnen nennen, weil dieser Prophet nach dem Exil das heilige Feuer dort wieder hervorgeholt haben soll. Es ist die alte Walkerquelle Rogel, einst der Grenzpunkt der Stämme Juda und Benjamin. Der Brunnenschacht soll 118 Fuß Tiefe haben; er ist ausgemauert und von einem Gewölbe bedeckt. Neben ihm steht eine kleine Moschee in Ruinen. An den steinernen Wassertrögen tränken die Fellahin ihre Esel und Kamele.

Aussätzige, wahrscheinlich vom nahen türkischen Hospital, sitzen in Gruppen am Wege und strecken uns mit kläglichem Geschrei ihre verstümmelten Hände entgegen. Diese Bilder menschlichen Elends sind hier so alt wie die Geschichte Jerusalems, und sie sind auch die einzigen unveränderten Überlieferungen der Vergangenheit.

Die Kidronschlucht macht plötzlich eine scharfe Biegung gegen Südost; sie bezeichnet unsere Straße nach Mar Saba. Von dort setzt sie sich unter dem Namen Wadi-en-Nar, das Feuertal, weiter fort und mündet endlich beim Vorgebirge Ras-el-Feschkah in das Tote Meer. Solche Wadis durchreißen die Uferterrassen des Asphaltsees als ein System von Erdspalten, die von Abgrund zu Abgrund niedersinken und die Zugänge zu jenem Becken sind. Sie haben meist kein Wasser, außer wenn sie die Regenströme des Winters durchbrausen. Auf der arabischen Seite des Toten Meeres gibt es einige Bäche, wie El Mezraah im Wadi Beni Hamed, den Arnon im Mojeb und die von Josephus beschriebene Kalirrhoe im Zerka Maïn.

Wir lassen rechts den Berg des Bösen Rats (auf ihn verlegt man für die Pilger das Landhaus des Kaiphas) und links den *Mons offensionis*, wo Salomo durch den Götzendienst der Astarte dem Herrn ein Ärgernis gegeben hat. Wir folgen dem Lauf der Kidronschlucht, die sich weiterhin immer mehr zu einem tiefen Erdspalt verengen wird. Die Ölbäume verschwinden auf diesen öden Halden; den Boden deckt kärgliches Kraut, Thymian, Salbei und Dorngestrüpp.

Zum letzten mal betrachten wir, uns umwendend, das erhabene Stadtgemälde Jerusalems; dann versinkt es hinter fahlen Bergen, an deren Flanken wir immer tiefer niedersteigen. Da der Tempelberg 760 Meter über dem Mittelmeer steht, und das Tote Meer, der tiefste Abgrund der Erde, 394 Meter unter dessen Niveau gelegen ist, so haben wir bis zu ihm 1154 Meter hinabzureiten.

In der trostlosen Bergwildnis sind weder Dörfer noch Zeltlager sichtbar, nur hier und da Kamele und schwarze Ziegenherden, welche Beduinenkinder hüten. Am Wege kriechen große Eidechsen und lange schwarze Würmer ekelhaften Ansehens. Nicht alles Leben ist hier abgestorben. Aber wovon nähren sich in diesen Steinwüsten Schakale und Hyänen? Sie hungern; denn sonst würden sie nicht Leichen aus den Grüften scharren. Die öden Gefilde um Rom sind Paradiese im Vergleich zu den steinigen Wildnissen, welche Jerusalem umgeben. Keine Spur von Menschenwerken ist hier, außer in Nekropolen und Felsengräbern; kein Denkmal erinnert an die Könige und großen Männer Israels. Wenn man nur eine Stunde weit von der heiligen Stadt sich entfernt, befindet man sich in Urwildnissen, die nie eine Geschichte gehabt zu haben scheinen. Unsere Karawane zieht über Höhen und Täler schweigend abwärts auf Pfaden, die von Beduinen und Pilgern ausgetreten sind. Ich sehe einen seltsamen Reiterzug vor mir sich fortbewegen, und in seiner Mitte eine schöne, melancholische Frauengestalt. Sie zieht dieselbe Straße, die uns nach Mar Saba führt. Es ist Athenaïs, die Kaiserin Eudokia, die ihr eifersüchtiger Gemahl Theodosius nach Jerusalem verbannt hat. Sie reitet die Kidronschlucht entlang, um den Seher der Wüste Euthymius aufzusuchen, dem sie ihr von religiösen Zweifeln gequältes Herz ausschütten will. Ein Luftbild der Wüste, eine Fata Morgana, und nur ich allein sehe sie.

Wir sind drei Stunden lang durch diese einförmigen Bergländer fortgeritten und nur noch 30 Minuten von Mar Saba entfernt. Jetzt kommen wir der Kidronschlucht ganz nahe. Ein guterhaltener Weg führt hart an ihrem Rande hin. Der Blick in den Abgrund erregt mir Schwindel. Ich verhülle die linke Seite meines Gesichts mit dem Schleier und überlasse mein Leben dem armenischen Pferde, welches fehllos einherschreitet. Der Erdspalt glüht in dunkelroten Farben. Er heißt hier mit Recht das Feuertal. Eine passende Pforte, die zum Meer von Sodom hinabführt. Lotrechte Kalksteinwände steigen aus dem Schlunde auf, wild zerrissen und zerklüftet. Ich sehe Neger dort umherklettern mit Flinten, um Tauben oder Rebhühner zu schießen, und ich möchte sie für wirkliche Teufel halten, welche dem gähnenden Höllenrachen entstiegen sind. Soweit man die lange Kluft verfolgen kann, sieht man in

Jordan-Furt, 27. März 1882

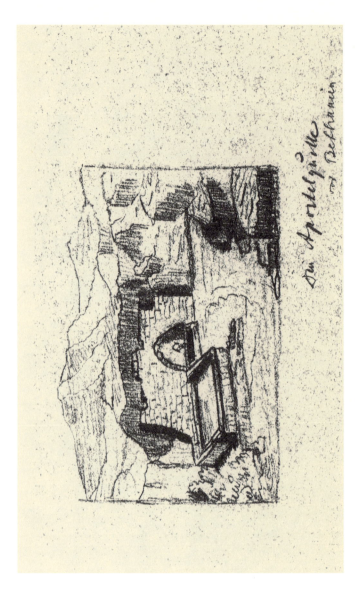

Die Apostelquelle vor Bethanien

ihrem Gestein Höhlen und Grotten, oft in Stockwerken übereinander. Es sind längst verlassene Anachoretenzellen, wohl die ältesten Palästinas, und vielleicht waren sie schon von Essenern bewohnt. Hier hausten während mancher Jahrtausende Einsiedler gleich den Hyänen in Felsenhöhlen, und zwar zu Tausenden. Einen so schauerlichen Ort konnten Büßer kaum in den Steinwüsten der Thebais finden. Und doch wurden viele dieser Menschen, nachdem sie die Schrecken der Einsamkeit überwunden hatten, steinalt. Makrobioten muß man unter Anachoreten und Beduinen suchen. Qual wurde hier Bedürfnis, das Furchtbare süße Gewohnheit. Keiner dieser verwilderten Heiligen würde seine Grotte mit dem Königspalast Salomons vertauscht haben, und auch kein Beduine möchte sein Wüstenzelt dafür hingeben. Wir haben keinen Begriff mehr davon, wie ein ägyptischer Antonius, ein Euthymius und Sabas ausgesehen haben. In ihrer Zeit hatten sie ein Recht des Daseins und jeden Anspruch auf Bewunderung. Aber uns heutigen Menschen erscheinen sie nur wie eine Art von Petrefakten aus einer moralischen Tertiärzeit.

Die Wüste hat scharfe Kontraste, neben der starren Unbeweglichkeit die rastlose Unruhe. Wenn die Troglodyten in ihren Erdhöhlen eingemauert sitzen, schweifen die Beduinen schrankenlos umher. Gleiche Naturbedingungen, Öde, Einsamkeit, Sonnenglut, Hunger, Freiheit von allen Banden der Gesellschaft können bei diesen wie jenen die Phantasie bis zu demselben Siedepunkt erhitzen. Wenn ein Prophet sie fanatisiert, erobern die Beduinen Länder und Reiche. Wenn ein Dogma sie in Wut versetzt, brechen Heere von Anachoreten aus ihren Schluchten hervor. Als zur Zeit der Athenaïs die monophysitische Streitigkeit die Kirche des Ostens spaltete, sind die Einsiedler vom Kidron und andern Wadis zu Tausenden nach Jerusalem gerückt, und sie haben die heilige Stadt erstürmt und ganz Palästina mit Mord und Raub erfüllt.

Mar Saba ist eine der Urzellen des Mönchtums, einer der Grundstöcke seines Korallenbaues im Orient. Dies merkwürdige Kloster entstand aus der Vereinigung erst getrennter Einsiedlergrotten zu einer Gruppe, was man Laura nannte. Es war eine solche unter Euthymius, dem Freunde der Athenaïs, und dann ein Kloster unter seinem Schüler Sabas aus Kappadocien. Dieser Vater der Wüste starb hier, 100 Jahre alt, um 530. Auf dem Aventin in Rom steht eine Kirche, die seinen Namen trägt.

Das Kloster liegt vor uns. Es sieht sonderbar genug aus, fast wie ein organischer Bestandteil der Kidronschlucht, in die es bis auf den Grund hinabreicht. Zwei alte Wachttürme stehen über ihr, einen Pistolenschuß voneinander entfernt. Von dem mir nächsten zieht sich eine doppelte Mauer bis auf die Sohle der Schlucht. Große Strebepfeiler, welche reihenweise aus dem Abgrund aufsteigen, tragen die mit phantastischen Gebäuden bedeckten Terrassen. All dies ist kastellartig ummauert, eine uralte Festung des Christentums in Feindesland.

Ein gepflasterter Weg führt abwärts zur Klostermauer, in der sich eine kleine verschlossene Pforte befindet. Zwei schwarze Mönche blicken schweigend auf uns nieder. Der Sohn des Schechs von Abu Dîs und ein paar Beduinen empfangen unsere Pferde. Weder die Körperkräfte noch die Waffen unsers Schutzmannes werden auch nur einen Anfänger im edeln Räuberhandwerk der Wüste in Schrecken setzen. Musa ist ein Bursche von 18 Jahren, dürr wie eine Mumie aus dem Tal Josaphat. Er ist gehüllt in einen schlechten Beduinenmantel, und sein gelbes Gesicht umflattert die Kefijeh, welche mit einem Strick um den Kopf befestigt ist. Ein Zug von Gutmütigkeit in seinen Augen flößt mehr Vertrauen ein als das Spielzeug eines Sarazenensäbels und Revolvers, womit er sich bewaffnet hat.

Ich setze mich auf einen Stein und zeichne den schönen Turm am Kloster ab. Die Tradition nennt ihn «Turm der Eudokia». Der zweite steht abgesondert über dem Feuertal. Ich besuche auch ihn, und von hier aus übersehe ich die ganze Klosterburg: ein unbeschreiblich bizarres Labyrinth von Zellen und gemauerten Terrassen, von Kapellen und arabischen Würfeln mit flachen Dächern: alles klein, übereinandergeschoben und an den Felsen hängend. Der Mittelpunkt ist ein gekuppeltes Achteck mit einem Glockenstuhl davor. Ich sah ein Bild des Wallfahrtsortes Saint-Michel in der Normandie; es erinnert an dieses hier ohne das Meer. Man hat Mar Saba ganz richtig mit einem Haufen von Schwalbennestern verglichen, die an den Kidronspalt angebaut sind. Ringsumher eine glühende, starre Steinwüste in schauerlichem Todesschweigen. Kein Jordanpilger zieht hier vorüber, ohne in den Heiligtümern zu beten.

Tief gebückt durchschreiten wir die schwarze Pforte, steigen dann Treppen nieder und gelangen durch eine zweite Tür auf einen gepflasterten Hof. In seiner Mitte steht die Grabkirche des Sabas. Ein paar Mönche begrüßen uns mit Zurückhaltung. Etwa 50 dieser Höhlentheologen bewohnen das Kloster, meist Griechen von Nation. Sie gleichen in ihrer schwarzen Tracht allen andern Basilianern.

Die größte Terrasse trägt Kirchen und Kapellen, das Refektorium und einige Wohnräume. Auf andern liegen kleine Gärten. Es gibt hier auch Feigenbäume und Granaten. Eine uralte Palme ist, wie Prometheus, mit einer Kette an die brennende Felswand festgeschmiedet. Vermoderte Zellen, meist aus Grotten in die freie Luft hinausgebaut, hängen wie vergitterte Käfige überall umher. Auf morschen Leitern kann man zu ihnen gelangen. Die Klosterkirche und die Kapelle des heiligen Nikolaus starren von barbarischem Schmuck an Gold und Silber und vielen Heiligenbildern. Man zeigt uns hinter einem Gitter Hunderte von Schädeln: Reliquien der im Jahre 614 von den Persern hier erschlagenen Mönche. Damals hat Kosroes die Anachoreten im Kidrontal ausgerottet. Wie viele kostbare Handschriften mögen bei dieser Plünderung Mar Sabas untergegangen sein! Das Kloster erlitt in der Sarazenen- und Türkenzeit mehrmals ähnliche Schicksale, und noch im Jahre 1832 haben es die Beduinen ausgeraubt. Der Schmuck seiner Heiligtümer ist daher meist neu und zwar ein Geschenk des Kaisers von Rußland. Kein Beduine darf Mar Saba betreten, aber die hungrigen Söhne der Wüste erpressen Brot und Öl an der Klosterpforte. Die Mönche selbst darben. Jeden Freitag schickt ihnen der Patriarch von Jerusalem eine Ladung Brot.

Wir werden durch einen langen Felsengang zur Grotte des Sabas geführt, welche als Kern des Klosters gelten kann. Der Heilige teilte sie mit einem Löwen, ihrem rechtmäßigen Besitzer, der mit einer Ecke demütig fürliebnahm. Die Legende deutet die Genossenschaft der Anachoreten und der Höhlentiere an. Löwen gibt es hier nicht mehr, aber Tiger durchschweifen noch die Wüsten am Jordan und Toten Meer. Man zeigt uns auch die Zellen des Euthymius und Kyrillus und das Grab des Kirchenvaters Johannes Damascenus.

Im ganzen bestätige ich das Urteil des Duc de Luynes, daß in Mar Saba nichts wirklich Merkwürdiges zu sehen ist. Nur Lage und Bauart sind ganz wunderbar, und das hohe Alter macht diese Stiftung ehrwürdig.

Wir besteigen den Turm der Eudokia, einen schönen Bau aus Kalksteinwürfeln. Die Front hat ein Rundbogenfenster; das Gesims ist in Trümmern. Ich habe in der Geschichte der Athenaïs erzählt, daß diese Kaiserin in der Wüste Ruban einen Turm erbaute, um sich mit Euthymius ungestört unterreden zu können. Doch die Lage jener Wüste ist unbekannt. Wenn nun die Tradition vom Turme hier begründet wäre, so würde er das einzig erhaltene Denkmal des Lebens der berühmten Kaiserin in Palästina sein. Zwar sind kürzlich vor dem Damaskustor Jerusalems die Fundamente einer Kirche aufgegraben worden, welche man für die von ihr erbaute Stephanskirche hält; jedoch diese Ansicht ist nicht zweifellos. Nun aber sehe ich eine schöne lateinische Inschrift auf dem Turme, welche besagt, daß er vom Kaiser Justinian im Jahre 529 (also 69 Jahre nach dem Tode der Athenaïs) erbaut worden sei, und durch dieses Zeugnis wird die Tradition beseitigt.

Im Turmgemach ist eine kleine Bibliothek aufgestellt, von Büchern, nicht von Handschriften, denn diese werden unten im Kloster verwahrt. Es gibt darunter griechische, arabische, syrische, koptische Pergamentschriften. Nach der Angabe Sepps fand man 1806 und 1834, als man diese Schätze untersuchte, Handschriften des Aristoteles, Hippokrates und Libanius, und 380 Codices der Kirchenväter. Drei Palimpseste hat noch Tischendorf im Jahre 1859 herausgefunden. Die Einsiedler hier studieren nicht mehr, wie einst Johannes Damascenus. In der brütenden Einsamkeit Mar Sabas kann ein denkender Mensch eher wahnsinnig werden als gelehrt.

Der Turm steht 270 Meter über dem Mittelländischen

Meer; und doch kann ich von seiner Plattform das 780 Meter unter uns gelegene Tote Meer nicht erblicken. Das Thermometer zeigt hier oben um $5^{1}/_{2}$ Uhr abends nur 15°R.

Ein Mönch gesellt sich zu uns und redet uns in gebrochenem Deutsch an. Er ist ein Sachse aus Siebenbürgen und vor Jahren in diese freudenlose Wüste verschlagen. Wir folgen ihm auf eine Terrasse, die etwa 200 Fuß hoch über dem Abgrunde schwebt, und hier will er uns ein seltenes Schauspiel zeigen. Diese unglücklichen Anachoreten unterhalten noch, wie ihre Vorfahren in der Kidronschlucht, ein freundschaftliches Verhältnis zu ihren Schicksalsgenossen, den Tieren der Wildnis. Sie erlauben nicht, daß man auch nur einen Schakal töte. Auf ihren Ruf kommen Vögel aus der Luft herbei und nehmen furchtlos das Futter aus ihren Händen. Füchse und Schakale schleichen in der Dämmerung unten an die Klostermauern und betteln, wie die Beduinen oben an der Pforte, um einen Bissen in Öl getränkten Brotes. Es ist nach 6 Uhr. Wir beugen uns über den Rand der Terrasse und spähen in die Tiefe, wo die Höhlen im Gestein und die Pfade des Wildes noch erkennbar sind. Ein Schakal kommt herab; es schleichen drei und mehr herbei; sie nähern sich, und der Mönch wirft ihnen mit stillem Lächeln Stücke Brot hinunter. Dies ist eine fromme menschliche Handlung, die ich in Mar Saba erfahre. Auch der heilige Frankiskus hat alle Tiere seine Brüder genannt.

Unterdes hat Marûn für uns selbst den Tisch serviert. Die Schwelgerei setzt sich an das Mahl, welches reichlicher ist als das der Mönche, die nur Pflanzenkost genießen. Selbst in dieser Wüste haben uns fremde Länder ihren Tribut geliefert. Der Europäer verschlingt die ganze Welt. Dies ist unser Küchenzettel von Mar Saba: Hühner von

Gaza, Hammel von Jerusalem, Thunfisch von Livorno, Käse aus der Schweiz, Aprikosen aus Damaskus, Orangen von Jaffa, Rosinen aus Gelad jenseit des Jordan, Salz von Sodom, Senf aus Bordó, Pfeffer aus Indien, Salat von Siloa, Öl aus Palästina, Brot von Jerusalem aus Mehl von der Krim, weißer Wein von Hebron, Wasser aus den Zisternen Mar Sabas, Kaffee aus Arabien, Zigaretten aus Ägypten. Mitten auf der Tafel steht ein Strauß wilder Anachoretenblumen der Kidronschlucht. Alles dies hat der Dragoman besorgt, und er serviert das Abendessen mit dem Bewußtsein eines Hausherrn, der seine Gäste zu ehren weiß.

Die Nacht verbringen wir auf Polstern, in Furcht vor schlimmer Einquartierung, welche etwa Pilger hier zurückgelassen haben. Um Mitternacht höre ich das Klosterglöckchen. Es ruft mir Erinnerungen an ähnliche Nachtlager zurück, in Trisulti und Monte-Cassino. Lynch erzählt, daß er die Klänge des Glöckchens von Mar Saba mit Andacht gehört habe, als er unten am Toten Meer im Zelte lag; da habe ihn die Vorstellung getröstet, daß es noch Menschen gebe, die für ihre leidenden Brüder Gebete gen Himmel schicken.

27. März. Der Morgen ist frisch und der Himmel wolkenlos. Einige Mönche sind im Hofe versammelt, uns Pilgerandenken zum Verkaufe darzubieten, Holzschnitzereien und Stäbe aus *Agnus castus*, der Jordanweide. Um 6 Uhr 15 Minuten steigen wir zu Pferde mit dem frohen Bewußtsein, bald in den Salzwogen des Toten Meeres zu baden. Nach der Berechnung Van de Veldes ist dieses von Mar Saba 4 Stunden 35 Minuten entfernt. Am vereinzelten Wachtturm reiten wir in das Feuertal hinab, um dann auf das andere Ufer der Schlucht zu gelangen. Einöden wechseln mit Strichen, wo Weide zu finden ist. Wir treffen ein Beduinenlager von schwarzen Zelten. Männer, Weiber und Kinder, worunter auch Neger sind, starren uns an, ohne auch nur mit dem Geschrei Backschisch uns zu belästigen. Sie danken für eine Gabe mit dem Rufe *Katachêra!* Ein Feuer brennt, woran sie etwas zu kochen scheinen. In der Nähe Ziegen und Kamele. Es ist schrecklich, zu denken, daß Jahrtausende an dem Zustande dieser Wanderstämme nichts verbessert haben. Wie sie hier lebten zur Zeit Abrahams und Lots, ganz so leben sie noch heute. Was Europa den Beduinen an Kulturbedürfnissen mitgeteilt hat, beschränkt sich auf Schießpulver und Tabak. Sie bereiten Pulver aus dem Schwefel der Wüste am Toten Meer. Aber da es nicht immer zu beschaffen ist, bleibt die wahre Waffe des Beduinen die Lanze, welche nie versagt.

Wir reiten von Terrasse zu Terrasse, wie auf einer ungeheuern Treppe nieder. Wenn wir Reihen von Bergstufen zurückgelegt haben, türmen sich andere vor uns auf. Bisweilen müssen wir absteigen und unsere Pferde am Zügel führen. An einer Stelle reißt das Berggeschiebe auseinander, und aus der Tiefe sendet das Tote Meer einen düsterblauen Schein herauf. Dann verschwindet es hinter gelben Kreidemassen. Wir kommen auf eine Halde, die vom Frühling grünt. Dieser Anblick scheint den jungen Musa zu begeistern. Er ist vor uns hergeschritten, in sich versunken, unablässig ein eintöniges Lied gurgelnd, welches er von einem Schakal gelernt zu haben scheint. Plötzlich läßt er sein Pferd galoppieren; der römische Ingenieur fordert ihn zu einer «*Fantasiya*» auf, und beide sprengen um die Wette über die Fläche hin.

Am Rande eines Wadi sind Steinhaufen aufgerichtet, als Marken, um den Mohammedanern den Punkt zu bezeichnen, wo ihr Wallfahrtsort Nebi Musa sichtbar wird. Zur Linken zeigen sich eine halbe Stunde entfernt weiße Mauern und Türme, die ihre Spitzen über lichtgelbe Berge erheben. Dort liegt das vermeintliche Grab des Moses. Während die Juden, der Überlieferung folgend, das Mosesgrab jenseit des Jordan suchen, haben es die Mohammedaner ins Gebirge Juda und in die Nähe Jerusalems verlegt, wahrscheinlich aus derselben Bequemlichkeit, welche die Christen in Damaskus veranlaßt hat, den Ort der Bekehrung des Paulus vor die Tore dieser Stadt zu legen. In einigen Tagen werden die Moslems ihre große Derwischprozession nach Nebi Musa beginnen. Der Islam erkennt Moses und Jesus als Propheten an; denn der Koran hat aus beiden ihm voraufgegangenen semitischen Religionen Überlieferungen aufgenommen.

Wir befinden uns auf dem Höhenzuge, welcher das Vorgebirge Ras-el-Feschkah absenkt, doch nehmen wir eine nordöstliche Richtung. An Kreidehügeln vorüber, die so geformt sind wie die Tonhügelreihen bei Siena, gelangen wir auf die letzte Stufe des Gebirges Juda, und vor uns liegt die große Jordanebene, das Ghôr, und der Abgrund des Toten Meeres. Sein dunkelblauer Spiegel ruht in einem Rahmen bronzefarbiger Gebirge. Weißer Dunst verschleiert sein Südende. Nordwärts das Ghôr mit Bergzügen und auftauchenden Kuppen. Den Lauf des Jordan verhüllen grüne Streifen, und diese sind von gelben Wüsten eingefaßt.

Ich sah glanzvollere Landschaftsgemälde, doch keins von so fremdartig feierlicher Schönheit. Sie ergreift wie der dunkelglühende, tief schwärmende Geist des Alten Testaments. Es ist in Wahrheit ein Hohes Lied der Natur. Staunen muß hier jeden fühlenden Menschen erfassen, und ehrfürchtige Scheu, als ob vor seinen Blicken plötzlich ein göttliches Geheimnis entschleiert ist. Die Linien und Formen der Gestade, majestätisch und voll düsterer Pracht, die finstere Bergwand Moabs, die Purpurflut des Meeres, die bleichen Wüsten und dieser flammende Himmel würden das Schauspiel zauberisch machen, auch ohne die Vorstellung von den Mythen der Urzeit, die den See von Sodom umschweben. Todesstille ruht auf ihm, öde Verlassenheit von Jahrtausenden. Hinter jenen Gebirgen liegt das rätselhafte Land Arabien.

Unsere Vorstellungen vom Toten Meer sind ganz irrig. Wenn Gott in seinem Zorn die blühenden Täler, durch welche einst der Jordan zwischen Palmenhainen herabströmte, vernichtet hat, so war noch sein Fluch schöpferisch, da er an ihre Stelle eins der wunderbarsten Gemälde der Erde gesetzt hat. Der furchtbare Salzsee strahlt in Irisfarben, wie nur ein Golf Siziliens, oder der Meerbusen von Korinth. Aber sein Schein ist dunkler, wie von geschmolzenem Metall, seltsam und geisterhaft. Ich würde es natürlich finden, wenn plötzlich der Vogel Phönix aus seinem Vaterlande Arabien über dieses Meer geflogen käme. Seine Wellen ruhen nicht in bleierner Unbeweglichkeit; sondern sie ziehen, wie jedes andere Meer, weiße Schaumbrandungen um die Küsten. Wenn ich noch den Glauben habe, daß kein Vogel über seine todbringenden Fluten zu streifen wagt, so zerstört auch diesen der Anblick von Schwalben, die über dem Wasserspiegel munter daherziehen. Auch einen Habicht sehe ich über die Ufer fliegen. Daß die Natur hier nicht erstorben ist, zeigen die Küsten auf der Seite Judäas, welche stellenweise von Pflanzenwuchs grünen. Ich sah Maremmen Etruriens, die trostloser erscheinen als diese Gestade des Toten Meeres. Überall hier lebt die schaffende Natur in schönen Formen der Felsenufer. Die Welle bespült den Strand wie im Mittelmeer in Zwischenräumen von drei bis vier Minuten. So wenigstens hat das Oskar Fraas beobachtet.

Wir reiten hinab im Wadi-en-Dâbr, und über die Bergflanken, welche zum Gestade absinken. Hier sind Luftniederschläge wirksam; denn dem Boden entsprießen Kräuter, Krokus, roter Mohn und Margeriten, doch kümmerlich und sparsam. Zerstreute Federn eines Rebhuhns verraten das Leben der Tierwelt. Weiter unten empfängt uns ein dschungelartiges Gebüsch von Binsen, Tamarisken und feinblätterigen Sträuchern, die mit weißen oder rosigen Blüten bedeckt sind. Brackige Quellen tränken sie und bilden sumpfartige Moore. Sobald wir das Gebüsch verlassen, gelangen wir in einigen Minuten an den mit Kies und Rollsteinen bedeckten Strand. Es ist 11 Uhr vormittags.

Die Stelle, auf der wir uns befinden, ist die Nordwestecke des Toten Meeres, nördlich von Ras-el-Feschkah. Weiter unten fließt die Quelle Aïn-Feschkah in einer Oase üppigen Grüns. Dort hatte die amerikanische Expedition zur Erforschung des Toten Meeres am 18. April 1848 ihr erstes Lager aufgeschlagen. Wo es Quellen an den Ufern gibt, sind diese auch bewohnt gewesen. Solche sind am Westende des Sees in südlicher Richtung außer Feschkah Aïn-Guwier, Aïn-Terabet und Aïn-Jeddy in dem einst gepriesenen Palmental Engeddi.

Der Strand macht eine Biegung nach Osten, wo die flache Jordanmündung nicht sichtbar ist. Die südliche Hälfte des Sees verhüllt ein Schleier; denn dies große Bekken hat keinen Abfluß, sondern entleert sich in der tropischen Sonnenglut nur durch Verdunstung. Auch wir sind in dieselben Salzdunstwolken eingehüllt, ohne sie zu gewahren. Das Westufer bildet eine Reihe von Kaps, die niedrig erscheinen und es sind im Verhältnis zu den 2000 Fuß hohen Felsengebirgen Moabs im Osten. Wenn man von den Gipfeln jener Berge eine westliche Horizontlinie über Palästina zieht, so würden sie nur wie geringe Erhebungen das Niveau des Mittelländischen Meeres überragen. So tief liegt das Tote Meer versenkt. Da Robinson die Salzberge Sodoms (Usdum) noch vom Nordende desselben erblicken konnte, so muß auch ich sie hier sehen, doch bezeichnen kann ich sie nicht. Ein Kundiger würde mir auch die Spitze Costigan auf der großen Halbinsel des Sees zeigen können.

Ich suche den Berg Nebo. Er muß ostwärts in Moab jenseit des Jordans stehen. Der Duc de Luynes hat diesen Mosesberg, einen Gipfel des Pisga, bestiegen, und in dem Atlas seines posthumen Reisewerks finden sich Ansichten davon. Aber der ruhige Robinson hat daran verzweifelt, den Nebo in jenen gleichförmigen Bergwänden Moabs herauszufinden. Nur die Richtung des Pisga Jericho gegenüber steht durch die Angaben des Alten Testaments fest.

Moses vom Nebo niederschauend auf das verheißene Land, welches er nicht betreten darf, und dann sterbend, ist wohl die großartigste aller Gestalten der religiösen Mythenbildung, und er ist nicht bloß Mythe, wie Prometheus auf dem Kaukasus. Der Herr hat ihm verboten, den Jordan zu überschreiten; er zeigt ihm vom Nebo das gelobte Land, das ganze Gilead bis gen Dan und Naphtali, und ganz Ephraim und Manasse, und ganz Juda bis an das äußerste Meer, und die Palmenstadt Jericho bis gen Zoar. Ein bescheidenes Ländergebiet, und sollte nur das die Zukunft Israels sein? Nein! Der Blick des Sehers dringt über Kanaan hinaus in die endlosen Fernen der Zeit, in welcher

Jerusalem, Athen und Rom nur Wanderstationen der Menschheit sind. Ein Schwindel erfaßt ihn. Er stirbt. Er verschwindet wie Oedipus und wird entrückt wie Romulus. Gott selbst begräbt ihn «im Tal, im Lande der Moabiter, gegen dem Hause Peors. Und niemand hat sein Grab erfahren bis auf den heutigen Tag». Man zeige in den Dichtungen der Völker eine Mythe von gleicher Erhabenheit! Man muß die Weisheit der Juden bewundern. Würde nicht der Menschheit vieles erspart worden sein, wenn auch das Grab Jesu niemand erfahren hätte bis auf den heutigen Tag?

Das Ufer ist von Kies und Ton bedeckt und voll von Natronniederschlägen. Gerippe von Balsampappeln, Erdbeerbäumen und Tamarisken liegen umher oder strecken halbversunken ihre kahlen mit Salzkristallen umzogenen Äste gespensterhaft in die Luft. Es sind Treibhölzer, die der Jordan und andere Zuflüsse in den See führen und seine Wellen bei Sturm an den Strand auswerfen. Ich möchte das Tote Meer im Gewittersturm sehen, wenn die Blitze Jehovahs die schwarzen Wogen umflackern. Lynch hat einen solchen Sturm beschrieben. Die bleiernen Wellen, die an sein Boot schlugen, schienen wie Hammerschläge auf einen Amboß zu fallen.

Aber jetzt lockt der Salzsee gerade so sirenenhaft wie der Golf von Bajä. Selbst unsere Pferde sind von dieser blauen Flut berückt. Eins taucht sein Maul hinein, um zu trinken, und zieht es mit einer Grimasse des Entsetzens zurück, was das laute Gelächter der ganzen Karawane erregt. Wir Franken stürzen uns furchtlos in den Pfuhl des Lot. Kein merkwürdigeres Bad kann man auf der Erde nehmen. Sollte diese geheimnisvolle Salzwoge nicht Zauberkräfte haben, etwa wie der Styx, als Thetis ihren Sohn in ihn hinabtauchte? Das Wasser ist kristallhell, farblos und geruchlos. Es ist nur eine Fabel, daß es betäubenden Dunst aushaucht. Die Soldaten des Pompejus und Titus haben sie im Abendlande verbreitet, und daher hat Tacitus vom Toten Meer gesagt, daß es durch seinen Geruch den Anwohnern giftbringend sei und nie vom Winde bewegt werde («Hist.», V, 6). Kein lebender Organismus ist in ihm entdeckt worden. Wenn Fische aus dem Jordan sich ins Tote Meer verlieren, sterben sie sofort. Weder vegetabilische noch animalische Substanzen können durch Fäulnis seine Atmosphäre verderben. Nur Salze, Magnesia und Soda sind in ihm bis zur vollsten Sättigung aufgelöst. Das Wasser ist so dicht und schwer, daß ich mich nur mit Mühe in ihm bewegen kann; es hebt den Körper und stellt ihn aufrecht. Der Grund ist schlüpfrig wie Seife. Wenn ich mit der Hand davon heraufhole, ist es wie zäher weißlicher Lehm. Die Bitterkeit des Wassers ist wirklich schauderhaft. Die Augen schmerzen, wenn sie von ihm berührt werden. Das Thermometer zeigt 16°R., die Luft hat 17°. Nach dem Bade haben wir das Gefühl der Erfrischung, und keiner von uns spürt ein Brennen auf der Haut. Nur sind wir alle mit einer Salzkruste überzogen.

Wir frühstücken am Ufer. Die Orangen von Jaffa glänzen auf dem öden Strande wie wahre Goldäpfel der Hesperiden. Noch eine Stunde ist uns vergönnt, das wunderbare Schauspiel zu betrachten. Wenn ich irgendwo begreifen kann, was Entdecker trotz Todesgefahren in unbekannte Länder treibt, so ist es hier am Toten Meere. Seine Umwanderung ist mühevoll und wegen der schweifenden Kriegeraraber schwierig. Dort südwärts am Westufer liegt das Tal Engeddi, weiter die Ruinen von Masada, wo der letzte Akt des furchtbaren Rachekriegs unter Titus gespielt hat. Flavius Silva erstürmte die Burg, und die verzweifelten Hebräer, die Sikarier des Eleazar gaben sich wie die Numantier selbst den Tod. Weiter unten liegt Sodom, heute Usdum, wo die hohe Salzsäule des Lot am Ufer steht. Im Südosten steigen die Berge der Felsenfeste Kerak auf, wo christliche Araber wohnen. Von dort würden wir längs des Ostufers zum Arnon gelangen, zu den heißen Quellen Kalirrhoe und der Felsenfestung Machärus, welche Pompeius zerstören und Herodes wieder aufbauen ließ. Johannes der Täufer wurde dort hingerichtet und sein Haupt der Herodias in einer Schüssel gebracht. Die Römer des Titus haben auch Machärus zerstört.

Die Küsten des Toten Meeres sind seit dem Beginn dieses Jahrhunderts erforscht worden und dennoch ein fast unbekanntes Land geblieben; denn alle Reisenden haben sich hier nur flüchtig aufgehalten. Zuerst war Seetzen hier, im Jahre 1807, bald nach ihm Burckhard, welcher bis Kerak gelangte. Dann folgten Forscher vieler Nationen. Der Amerikaner Robinson lernte im Jahre 1838 nur das Westufer kennen, und auch dieses nicht ganz. Zehn Jahre nach seiner epochemachenden Forschung in Palästina rüsteten die Vereinigten Staaten eine Expedition nach dem Toten Meere aus unter dem Lieutenant Lynch. Sie fuhr vom See Tiberias auf kupfernen Booten den Jordan hinunter und durchschiffte dann den See nach allen Richtungen. Vor Lynch war darauf Costigan verunglückt. Man fand ihn sterbend an der Küste, und auch Molineux, welcher nur 20 Stunden auf dem Toten Meere gewesen war, erlag dem Fieber. Lynch vollendete seine Umschiffung in 22 Tagen. Seinen Bericht hat er niedergelegt im *Official report of the U. S. expedition to explore the Dead See and the Jordan* (Baltimore 1852). Ihm verdanken wir die erste genaue

Untersuchung des Jordanstromes und des Toten Meeres. Sein Tagebuch wird man mit derselben Spannung lesen wie die Journale der Afrikaforscher. Es ist außerdem oft mit dem Griffel Xenophons geschrieben.

Wir reißen uns gewaltsam los und brechen auf, die Jordanfurt el-Helu zu erreichen. Sie liegt nordostwärts $1^1/_2$ Stunden entfernt. Gleich am Strande beginnt die wüstenartige Ebene von salzigen Tonlagern, welche moorige Striche unterbrechen. Niedrige Reihen von weißen Hügeln umfassen das weitere Ufergebiet des Jordan, und in der Mitte deutet ein Strich grüner Kultur die fruchtbaren Terrassen seiner Ränder an. Noch Josephus sah die Jordanufer mit Palmen besetzt, wie die Ufer des Nil. Dies ganze Tal des Ghôr, dessen Fortsetzung das Tote Meer ist, hat das Klima Ägyptens. Es ist die tiefste Senkung der Erde. Man redet von dem kühnen Plane, den Jordan und das Tote Meer durch einen Kanal mit dem Roten Meere zu verbinden. Nichts ist dem Menschengeiste unmöglich, aber die Wüste setzt doch der Kultur ihre Schranken. Die Hitze im Ghôr soll tropisch sein, doch in dieser Jahreszeit empfinden wir nichts davon. Es gewittert im Norden, und ein feiner Regen fällt. Wir gelangen zu Gebüschen: Pappeln, Tamarisken, Oleander, Weiden *(Agnus castus)*, dichtes Rohr und viele blühende Bäume, die ich nicht zu benennen weiß. Wir hören den Gesang des Bulbul, der Jordannachtigall, welche diese Dschungel bewohnt.

Gegen 3 Uhr erreichen wir die Furt. Der Fluß kommt voll und heftig daher, um eine 30 Fuß hohe Wand biegend, die aus schwärzlichem Tonschiefer zu bestehen scheint. Sie bildet sein östliches Ufer, während das westliche flach und von Gebüsch bedeckt ist, welches an einer Stelle einen großen Raum freiläßt. Hier pflegen die Pilger zu baden. Der

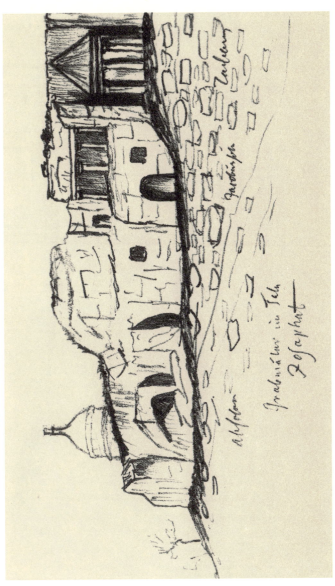

Grabmäler im Tal Josaphat

Blick vom Ölberg auf Jerusalem, 31. März 1882

Strom fließt reißend, wie die Rhône bei Avignon. Wenn hier der Übergang des Volkes Israel stattfand, so bedurfte es allerdings jenes Wunders, welches das Buch Josua erzählt. Die blaßgrünen Weiden und die Klagetöne der Nachtigall machen diese Flußszenerie so idyllisch, daß ich glauben könnte, irgendwo am Neckar zu stehen. Das Bild vom Jordan, welches ich mitgebracht habe, muß ich ganz auslöschen. Er ist kaum 100 Fuß breit und hat nichts Majestätisches. Auf dem Titusbogen in Rom kann man ihn als greisen Flußgott auf einer Bahre abgebildet sehen. Dies paßt für sein biblisches Alter, nicht für seine Natur. Er ist ein wilder Bergstrom von sehr kurzem Lauf. Wenn ich ihn symbolisch darstellen sollte, würde ich ihn als einen kriegerischen Beduinen abbilden, die schilfbekränzte Kefijeh um das gelbe Gesicht, die Linke auf die Urne gestützt, in der Rechten die Wüstenlanze. Seine Quellen strömen vom Hermon herab; der syrische Gebirgszug zwingt ihn dann, statt westlich ins phönizische Meer, südlich seinen Weg zu suchen. Zwei Seen zügeln seinen ungestümen Lauf, die von Hule und Gennezareth. Wenn er diesen erreicht hat, ist er schon 2133 Fuß gefallen, dann fällt er noch weitere 610 Fuß bis zum Toten Meer. Sein ganzer Lauf beträgt nur 30 geographische Meilen, und nur 14 vom See Tiberias bis zu seiner Mündung. Aber wegen seiner zahllosen Krümmungen legt er einen dreifachen Weg zurück. Die Karte Lynchs gibt eine Anschauung davon, und dieser sein Erforscher sagt: «In einem Raume von 60 (engl.) Meilen Breite und 4 bis 5 geographischen Meilen Länge durchläuft der Jordan wenigstens 200 englische Meilen.» Schon Plinius weiß von diesen Krümmungen; wie ein Dichter sagt er, daß der Jordan sich umherwinde, als scheue er sich dem schrecklichen

Asphaltsee zu nahen, der ihn endlich verschlingt. Wenn er ohne diese mäandrischen Windungen und ohne in den Seen auszuruhen in gerader Linie fortströmte, würde er wie ein ungeheuerer Wasserfall in die Tiefe stürzen. Von Terrasse zu Terrasse des Ghôr, über 27 Stromschnellen stürzt er in Katarakten fort, und der Unglückliche verdirbt dann im bittern Meer, wo er verdampft. Seine so beschaffene Strömung, sein wechselnder Wasserstand und die geringe Tiefe machen ihn unbeschiffbar, und sie hindern ihn, ein Kulturstrom zu sein. Hier konnten niemals Reiche entstehen wie am Euphrat und Tigris. Keine Handelsemporien haben an seinen Ufern geblüht. Er blieb ein Wüstenstrom, mündend in ein ödes Binnenmeer. Sein Charakter hat daher auf die Geschichte Israels bestimmend eingewirkt. Denn statt diesem Volk Handelsstraßen und ein Weltmeer zu eröffnen, setzte ihm der Jordan nur eine Grenze gegen Ammon und Gilead und das Königreich Damaskus. Jenseits des Flusses waren nur ein paar Judenstämme als verlorene Posten angesiedelt, Ruben, Gad und halb Manasse. Die Judenkönige dehnten nur vorübergehend ihre Macht ins transjordanische Land und bis Damaskus aus. Später unter Seleukiden und Römern blühten in der Peräa Handelsstädte mit hellenischer Kultur, wie Gabara, Pella, Gerasa, Philadelphia. Eine große Karawanenstraße ging von Damaskus durch die Trachonen und den Haurân südwärts über Bostra nach Petra im edomäischen Arabien.

Sowenig als die alttestamentliche Jordanfurt sich heute bestimmen läßt, sowenig auch die legendäre Stelle der Taufe Jesu. Erst diese vorbildliche Handlung, der Akt der Messiasweihe, hat den Jordan mit einem Nimbus der Heiligkeit umgeben, welchen er in der Geschichte Israels nicht gehabt hat. Die Welle, welche Johannes der Täufer auf das

Haupt seines Nachfolgers ergossen hat, strömte in endlosen Ringen durch die Zeit und die Menschheit fort. In diese Fluten haben sich ganze Völker niedergetaucht, und noch immer erneuert sich an den stillen, aber entweihten Ufern dieselbe symbolische Handlung und dasselbe mystische Schauspiel. Auch wir hätten Scharen von Pilgern in fanatischer Aufregung in diesen Ganges der Christen sich stürzen sehen, wenn wir in der Morgenfrühe gekommen wären. Wir vermieden sie, denn wir hatten von dem götzendienerischen Treiben der Pilger in der Grabeskirche Jerusalems schon mehr als genug gesehen.

Auch wir nehmen das Jordanbad, uns dieser langen Kette schuldbeladener Erdenpilger anzureihen. Der Fluß strömt so heftig, daß man sich nicht weit in ihn hineinwagen darf. Sein Grund ist voll Steinen und Schlamm. Ich trinke das Wasser, den brennenden Durst zu löschen, mit Behagen, wie ich das Wasser des Nil getrunken habe. Es ist warm, aber wohlschmeckend. Wie glücklich wäre doch der Pilger, könnte er in die heilige Jordanflut seine Sünden und Irrtümer und ein Stück Leben wie in den Lethestrom versenken. Aber ach! ich fürchte, die Laster des Menschen sind im Jordan wie Kork, sie schwimmen wieder obenauf: *tornano a galla.* Der Leib wird gereinigt, die Seele nicht. Das alte Meer von Sodom und Gomorrha liegt bedeutend und verhängnisvoll nur eine kleine Stunde von diesem Jordanbad entfernt.

Wenn ich dies seltsame Theater hier betrachte, in dessen Szenerie der Jordan, die Berge Moabs mit dem Nebo und im Süden die Gebirge Arabiens die Charaktere sind, so sage ich mir, daß es für die Betrachtung der Schicksale der Menschheit keinen merkwürdigern Schauplatz auf der Erde gibt. Denn hier auf diesem Raum fließen, wie aus einem gemeinsamen Quellenhause entsprungen, die Ströme der drei semitischen Religionen nebeneinander, die dann sich trennen und als Kulturströme sich durch die Welt ergießen.

Jetzt auf nach Jericho, welches 2 Stunden 15 Minuten von el-Helu entfernt liegt. Der Himmel des Ghôr ist klar geworden. Weite Streifen Sonnenlichts und Wolkenschatten färben diese wundervollen Fernen, dort den Spiegel des Salzmeeres, hier die Felsgebirge Moabs und die gelben Jordanwüsten. Weite Blicke tun sich auf zu duftigen Bergen in der Richtung auf es-Salt und Beisan. Auf einer Uferhöhe sehen wir die Ruine des Johannesklosters, Dêr Mar Juhanna genannt. In der byzantinischen Zeit und tief ins Mittelalter hinein war die Jordanebene mit Klöstern angefüllt. Das Ghôr öffnet sich zu weiten Fluren im Westen des Stroms, weil dieser in seinem letzten Lauf sich den östlichen Gebirgen nahe hält. Wir überschreiten einen Wadi, der seine Mündung in den Jordan sucht. Seitwärts auf dem Hügel Tell Djeldud will man die Stätte Gilgals finden, wo Israel zum Andenken an den glücklichen Übergang über den Fluß zwölf Steinaltäre errichtete. Auf diesen Feldern hat man uralte Cromlechs oder Baalsteine entdeckt.

Wir haben die Tonwüste verlassen. Flächen liegen vor uns, tot wie sie; doch immer grüner wird die großartige Landschaft. Sträucher und Bäume zeigen sich, und nordwärts deuten Pflanzungen Jericho an. Ein breiter Turm wird sichtbar. Zur Zeit Josuas war diese Ebene reich bebaut; denn als die Juden vor der Erstürmung Jerichos in Gilgal lagerten, hörte das Manna auf, und sie aßen vom Gefilde des Landes. Jericho selbst hatte Gott vom Nebo dem Moses als «Palmenstadt» gezeigt. Sie war stark ummauert, reich und blühend. Die Eroberer fanden in ihr Silber und Gold und eherne und eiserne Gefäße, die sie in den Schatz des Herrn taten.

Riha ist der Name des heutigen elenden Orts, und dieser liegt nicht auf der Stelle der alten Stadt, sondern mehr als eine halbe Stunde südwärts am Wadi el Kelt. Gleich am Eingange steht das verfallene Kastell, ein großer viereckiger Turm aus der Zeit der Kreuzfahrerkönige, jetzt ein Wachtlokal für den Aga und sein Häuflein türkischer Soldaten. In seiner Nähe wird ein russisches Pilgerhaus erbaut. Maurer arbeiten daran; Gruppen von Russen und Arabern sind davor versammelt. Riha hat kaum das Ansehen eines Dorfes. Dornhecken statt der Mauern umfassen zerstreute Hütten aus Lehm und Rohr und einige Gärten.

Wir reiten links ab, die Locanda aufzusuchen. Aus den Gärten quillt Orangenduft. Ein Haus, etwas besser als ein Lehmwürfel, ist unsere Herberge; ihr Aushängeschild ein Oleanderbaum in voller Blütenpracht. Der arabische Wirt empfängt uns mit einem Diener, einem Mohren. Er spricht geläufig italienisch. Drei kleine Zimmer mit Divans stehen zu unserer Verfügung.

Ein heftiger Zank draußen im Garten ruft uns wieder ins Freie. Sein Gegenstand ist ein gepfändetes Kamel von schneeweißer Farbe, welches wütende Araber umstehen. Wir durchwandern Riha oder die Wege, die an Gärten und Hütten vorüberführen. Hier wohnen Araber, die nicht wie ihre Stämme im Ghôr umherziehen, sondern etwas Ackerbau treiben, ein armseliges Volk, träg und zerlumpt. Sie sitzen in Gruppen rauchend an den Hecken, manche mit langen Flinten. Ihre edel geformten Gesichter sind von der tropischen Glut fast schwarz gefärbt.

Die verwilderten Gärten sind voll von Gewächsen der heißen Zone. Nur Palmen suche man hier nicht. Der Reichtum an Quellen, die jetzt nur sparsam durch das Land geleitet sind, erzeugt diese üppige Gartenkultur. Im Altertum muß Jericho eins der schönsten Paradiese Syriens gewesen sein. Jede tropische Pflanze kann hier gedeihen. Die Sarazenen haben im Ghôr lange Zeit das Zuckerrohr gebaut. Die Balsamstaude machte das alte Jericho so berühmt, daß Antonius diese Stadt und ihr Gebiet der Königin Kleopatra schenkte; denn nur hier und in Engeddi wurde die kostbare Staude kultiviert. Man sagt, daß sie verschwand, weil Kleopatra sie nach den Gärten von Heliopolis verpflanzen ließ, und dort soll die Balsamstaude noch lange von den Sultanen Kairos gezogen worden sein, nachdem sie auch im Engeddi verschwunden war. Der als Zacchäusöl bekannte Balsam, welchen die Araber in Riha an die Pilger verkaufen, wird aus der Frucht des Zukkumbaumes gewonnen, welcher überall im Ghôr zu finden ist. Wie die Balsamstaude, so ist auch die Rose von Jericho verschwunden.

Undurchdringliche Hecken von Sidrdorn fassen die Gärten ein. Der Sidr ist für den Glauben der Pilger die Spina Christi, woraus die Dornenkrone geflochten sein soll. Ich pflücke gelbe Solanumäpfel, die man irrig Sodomsäpfel nennt. Wenn ich sie öffne, zeigen sie sich wie mit Linsen erfüllt. Der berühmte Sodomsapfel ist die Frucht des Oscherbaums, und dieser findet sich außer in Nubien nur am Toten Meer. Robinson sah ihn allein in Engeddi. Die gelbe Frucht gleicht einer kleinen Orange; wenn man sie drückt, zerspringt sie mit einem Knall und läßt in der Hand ein aschenähnliches Gefaser zurück.

Unser Abendessen ist aufgetragen. Da ein Blick auf die brodelnden Kessel dieser arabischen Küche mich bedenklich gemacht hat, so will ich mich mit Datteln von Bagdad und den Orangen und Cedri Rihas begnügen. Der Mohr

serviert; das Brot in seiner schwarzen Hand erscheint so
schneeweiß, daß es mir Appetit macht, und ich esse von
einigen Speisen, während der Wirt unser Mahl mit witzigen
Gesprächen würzt. Da ich mich über sein gutes Italienisch
verwundere, sagt er mir, daß er bei den Jesuiten im Libanon studiert habe. Die Araber überhaupt scheinen die italienische Sprache leicht zu erlernen. Unser Wirt hat in
Beirut die Welt gesehen. Die Pilgerstation Jericho führt
ihm jährlich viele Fremde zu, und da ist er ein Menschenkenner geworden. Er spricht wie ein Philosoph über das
reichhaltige Thema von der Hypokrisie, und davon hat er
wohl auch im Libanon und in Jericho Erfahrungen genug
gemacht. Er beschenkt uns mit Stücken Asphalts vom
Grunde des Toten Meers, wo es nach Stürmen schwimmend heraufkommt und von den Beduinen gesammelt
wird.

Wir hören draußen vor dem Hause jene girrenden Laute,
welche die Fellahah auszustoßen pflegen, wenn sie ihre
Männer begrüßen oder sonst freudiger Erregung Ausdruck
geben. Diese Laute wiederholen ungefähr in einem langen
Triller die Silbe *lu*. Es sind Rihamädchen, die uns einladen,
eine Fantasiya oder einen mimischen Tanz anzusehen.
Aber sie trillern vergebens, denn niemand von uns ist dazu
aufgelegt, diese im Gesicht tätowierten und an den Händen
mit Henna gefärbten Weiber umherspringen zu sehen. Der
Ruf der Frauen Jerichos ist selbst unter den Arabern so
schlimm, daß man glauben möchte, sie alle stammen direkt
von der Rahab her.

28. März. Um 7 Uhr früh zu Pferd, unsern Rückweg
nach Jerusalem zu nehmen. Das Tote Meer strahlt im
Morgenglanz. Kräftig wirkt gegen seinen blauen Spiegel

das dunkle Kastell. Vor uns nach Norden steigen die Terrassen Judäas auf, und machtvoll steht der rotbraune Felsenberg Quarantana da, seinen Fuß in die Täler des alten Jericho niedersenkend. Wir reiten nordwestlich am Wadi el Kelt durch eine wohlbebaute Ebene, die auch Saatfelder hat. Zertrümmerte Wasserleitungen, einige mit sarazenischen Spitzbogen, sind sichtbar und Ruinen von Gebäuden, die vielleicht Klöster oder Kastelle gewesen sind. Dies herrliche Gefilde war einst von Aquädukten und Kanälen durchzogen und in einen Garten verwandelt. So beschreibt es noch Strabo, der die Palmen und Fruchtbäume Jerichos und die Balsamgärten rühmt *(ὁ τοῦ βαλσάμου παράδεισος)*; und auch Plinius sagt, daß die hiericusische Ebene von Palmenhainen bedeckt und reich bewässert sei. Auf die Beduinen des Ghôr muß Jericho den Eindruck gemacht haben wie Damaskus auf die Araber des Haurân. Was für die Gärten dort der Chrysorrhoas ist, das sind hier die Quellen Aïn Sultan und Dûk und der Wadi Kelt gewesen. Heute ist all diese Herrlichkeit zerstört, außer jenem Wasserreichtum. Für die Kultur des Landes fehlen Menschen, Mittel und eine sorgende Regierung.

Wir sind auf dem Gebiet des alten Jericho, welches in der Nähe der Sultanquelle muß gestanden haben. Man hat eine Römerstraße entdeckt, aber keine Ruine bestimmbarer Gebäude. Nur zertrümmertes Mauerwerk und Tonscherben bedecken die Felder, und einige Hügel sind Schuttanhäufungen. Ausgrabungen sind hier niemals gemacht worden.

Nachdem die Posaunen Israels die Königsstadt Jericho umgeworfen hatten, ließ sie Josua zerstören, und er belegte sie mit dem Fluch. Die Trümmer wurden jedoch unter den Königen wieder befestigt, und hier gab es eine Prophetenschule. Nach dem Exil bevölkerte sich Jericho wieder. Bacchides, der General des Königs Demetrius von Syrien, ließ Tore und Mauern bauen. Pompejus zerstörte sie zum Teil, als er von Scythopolis in Galiläa durch das Ghôr am rechten Jordanufer gegen Jerusalem rückte. Unter den von ihm geschleiften Kastellen nennt Strabo auch die Türme Thrax und Taurus, welche den Paß bei Jericho bewachten. Seinen letzten Glanz verdankte diese Stadt Herodes dem Großen. Antonius hatte Judäa und Arabien der Kleopatra geschenkt, und von ihr pachtete Herodes die Oase Jericho. Er baute hier einen Königspalast, einen Cirus und die Burg Kypros. Jericho war seine Winterresidenz.

Man muß die Wüsten des Toten Meeres gesehen haben, um eine Natur zu begreifen, wie Herodes gewesen ist. Er selbst war kein Jude, sondern aus Edom südlich des Asphaltsees. Sein Vater Antipater, dort ein arabischer Emir, stieg am Hofe der letzten Makkabäerkönige zur höchsten Ministerstelle auf, und sein Sohn stürzte dann diese Dynastie. Augustus gab ihm das Königtum Judäas, und 37 Jahre lang hat dieser furchtbare Mensch glänzend geherrscht. Er vereinigte die Wildheit des Wüstenarabers mit der Großartigkeit eines römischen Imperators. Es war nichts beschränkt Semitisches in ihm, sondern das kosmopolitische Kulturbewußtsein der Hellenen. Er baute den letzten Prachttempel Jerusalems; aber er würde ihn lieber dem Zeus als dem Jehovah geweiht haben, denn das hellenische Heidentum ließ er überall in sein Land bringen; er errichtete Festungen und Städte, die ganz griechisch oder römisch aussahen und auch solche Namen trugen. Herodes glänzte sogar in der Reihe der fremden Fürsten, welche Wohltäter Athens gewesen sind. Unter dem Firnis griechischer Bildung lag die Tigernatur des Edomäers. Seine

Grausamkeit ist sprichwörtlich geworden, wie die des Nero. Den alten Hyrkanus, seinen Schwager Aristobul, sein schönes Weib Mariamne, drei seiner Söhne ließ er umbringen, den letzten dieser, Antipater, kurz vor seinem Tode hier in Jericho. Noch sterbend befahl er seiner Schwester Salome, viele vornehme Männer, die er im Hippodrom eingesperrt hielt, zu töten, sobald er selbst die Augen geschlossen habe; aber diesen Blutbefehl führte Salome nicht aus. Die Sage vom Kindermord in Bethlehem lebt in der heiligen Geschichte und der Kunst fort. Herodes starb zwei Jahre, nachdem Jesus von Nazareth geboren war, und sein Erscheinen bezeichnet das Ende des politischen Judentums. Die Herrschaft, welche Moses gegründet und Herodes beschlossen hat, wird bald in Trümmer sinken wie der Prachttempel auf Moria und die heilige Stadt selbst. Nur die drei Riesentürme Hippikus, Phasaelus und Mariamne werden von Titus verschont bleiben.

Wir haben Aïn es Sultan erreicht. Die Christen nennen sie die Elisaquelle. Sie strömt als ein reicher Bach aus Felsen in ein halbkreisförmiges Becken, welches mit alten Quadersteinen eingelegt ist. Ringsumher sind grüne Büsche und blühende Sträucher. Das Wasser ist warm, es hat schon in der Morgenfrühe 17° R. In diesem Becken soll Herodes den Aristobul ertränkt haben. Wahrscheinlich lag in der Nähe sein königliches Schloß, das Basileion bei Strabo, und da ist er selbst gestorben. Wir sehen Zelte Reisender seitwärts von der Quelle aufgeschlagen. Viele ziehen es vor, hier im Freien statt in Jericho zu nächtigen.

Nahe bei den Resten einer Wasserleitung übersetzen wir den Bach Kelt, an dessen Rändern grüne Bäume stehen. Vor uns steht der Djebel Karantal, die Quarantana, wo Jesus nach seiner Taufe vierzig Tage lang verweilt haben soll. Vom Gipfel des Gebirges zeigte ihm der Verführer die Welt, deren Herrschaft er ihm versprach: eine wunderbare Gegenszene zu jener des Moses auf dem Nebo, und vielleicht dieser nachgeahmt. Beide Berge liegen einander gegenüber. Im Karantal sind viele alte Einsiedlergrotten, wie in der Kidronschlucht, und eine Kapelle steht auf seiner Spitze. Wir biegen südwärts ab und gelangen an der Ruine des Turmes Kakûn vorbei auf die Jerusalemstraße, die zum Gebirge Juda hinaufführt. Ein langer Pilgerzug zeigt sich vor uns und verschwindet im Geklüft. Wir erreichen den Punkt, von wo wir zum letzten mal das Tote Meer betrachten können; dann ziehen wir durch einförmige Täler und über Höhenrücken fort. Um 10 Uhr 30 Minuten sind wir am Khan Hadrûr. Das ist kein Ort, sondern ein Rastplatz unweit der Ruine eines mittelalterlichen Kastells. Eine Felswand bietet hier Schatten dar. Die Pilger pflegen am Khan Hadrûr zu rasten, obwohl es an einer Quelle fehlt, und weil sie hier halbverschmachtet ankommen, hat man auf diesen Ort die Szene vom barmherzigen Samariter verlegt. Die klugen Priester haben in Palästina jeden Schritt Christi, jedes Ereignis aus seinem Leben lokalisiert. Denn Bäume und Steine, Quellen, Grotten und Lehmhütten sind zu ebenso vielen geschichtlichen Denkmälern des Neuen Testaments gestempelt worden. Ganz Jerusalem ist in eine Atmosphäre des frommen Betrugs eingehüllt, und überall sind Kritik und Verstand mit diesem Betruge im Kampf. Aber die Pilger wollen alle Denkmäler der heiligen Geschichte in Palästina mit Händen greifen; denn wozu sind sie so weit hergekommen? Man zeigt ihnen noch mehr, als sie selbst verlangen.

Im Khan Hadrûr sitzen Araber und bieten Orangen feil.

Ein zerlumpter Junge hält einen Ziegenschlauch neben sich und ruft: «*Moje, moje!*» Das Glas Wasser kostet 2 Soldi, eine Orange $^1/_2$ Fr., was gerade nicht nach der Barmherzigkeit des Samariters aussieht. Wir frühstücken, während heimkehrende Pilger anlangen, zu Fuß, zu Pferde, zu Esel, wohl 100 Menschen und mehr, alle ermüdet und erhitzt. Manche ziehen vorüber, andere werfen sich hin, während der Beduinenknabe unaufhörlich «*Moje! moje!*» ruft. Eine Pilgerin bittet uns um Wasser. Sie trinkt es in langen Zügen. Ein armes Weib wirft vorübergehend scheue Blicke auf die Erfrischungen am Boden. Ich reiche ihr eine Orange, und sie macht eine Bewegung, wie um den Saum meines Rokkes zu küssen, dann wankt sie weiter. Sie ist vom Libanon. Viele Nationen sind im Pilgerschwarm vertreten, Griechen, Russen aus der Krim, Syrer, Zyprioten, Byzantiner, dazu halbnackte Eseltreiber. Die bunten Kostüme wirken phantastisch in dieser brennenden Steinwüste. Alle haben Andenken vom Jordan, Rohr und Stäbe oder grüne Zweige, die blecherne Wasserflasche und das Sterbehemd, in dem sie das Bad genommen. Wunderliche Erscheinungen ziehen vorüber. Ein Maultier trägt an jeder Seite einen umgekehrten Tisch, die Füße nach oben; darin sitzen Weiber und Kinder; ein Zelt ist darüber ausgespannt.

Wir steigen aufwärts, eher auf sanften als steilen Flächen, dann wieder hinab zum Wadi Sidr, und von diesem zum Wadi-el-Hôd, welches an einer Stelle ein tiefes Tal bildet, der Tränkplatz genannt. Hier sprudelt die einzige Quelle zwischen Jerusalem und Jericho. Man nennt sie die Apostelquelle. Das ummauerte Becken ist von Pilgern umlagert; jenseits steht eine Baracke, worin Kaffee geschenkt wird.

Wir reiten einen steilen Berg empor und sehen nahe unter uns auf den Abhängen des Ölberges Bethanien, die

Heimat des Lazarus, und deshalb von den Arabern el Azarîye genannt, ein malerisches Dorf von Lehmhütten unter viel Mandel- und Feigenbäumen. Eine Turmruine und eine kleine Moschee sind die einzigen hervorragenden Gebäude Bethaniens. Ehemals stand hier eine Lazaruskirche und ein Nonnenkloster, welches Melisinda, die Tochter Balduins und Gemahlin Fulcos IV. von Jerusalem, im Jahre 1138 erbaut hatte. Der alte Turm heißt Schloß des Lazarus. An ihm liegt die unterirdische Gruftkammer des Freundes Jesu. Die Mohammedaner sind jetzt im Besitze aller christlichen Lazarusheiligtümer. Wir verschmähen es, abzusteigen und das Lazarusgrab wie die Häuser der Martha und Maria zu sehen, und reiten als verstockte Ketzer weiter.

Seitwärts von Bethanien steht auf luftiger Höhe, von welcher der Blick noch einen Teil des Ghôr übersehen kann, ein gelber Häuserklumpen. Es ist Abu Dîs, die Residenz des großen Schechs, unsers Beschützers. Musa verläßt uns hier, erfreut über das Geldgeschenk, welches wir ihm zur Anerkennung seiner guten Dienste verehren.

Wir sind auf dem Höhenzuge des Ölberges. Vor uns liegt Jerusalem. Von keiner andern Seite bietet die Stadt einen gleich großartigen Anblick dar. Im dunkeln Rahmen ihrer riesigen Quadermauern hebt sie sich mit Türmen, Kuppeln und Minaretts wie ein figurenreicher Opferaltar zum Himmel empor. Hier, bei Bethanien, stand Jesus; er blickte auf die herrliche Stadt, über deren Mauern sich der Tempel des Herodes in seiner Pracht erhob, wie heute die Omarmoschee, und er weinte über das nahe Schicksal Jerusalems.

Von Gregorovius benutzte Palästina-Literatur

Fraas, Oscar, Das todte Meer, Stuttgart 1867

Lynch, W. F., Narrative of the United States Expedition to the River Jordan and the Dead Sea, London-Philadelphia 1849 (^{9}1853) Deutsche Ausg. «Bericht über die Expedition nach dem Jordan und dem todten Meere», Leipzig 1850
- Official Report of the United States Expedition to Explore the Dead Sea and the River Jordan, Washington-Baltimore 1852

Luynes, Albert duc de, Voyages d'exploration à la Mer Morte, à Petra et sur la rive gauche du Jourdain, 3 Bde., Paris 1871–1876

Roberts, David, The Holy Land, Syria, Idumea, Arabia, Egypt & Nubia, 3 Bde., London 1842–1849 (1855–1856; 1881–1884)

Robinson, Edward, Biblical Researches in Palestine, Mount Sinai and Arabia Petrea. A Journal of Travels in the Year 1838, 3 Bde., London-Boston 1841 (Reprint: New York 1977); 2 Bde., London ^{2}1856; 3 Bde., London ^{3}1867
Deutsche Ausg. «Palästina und die südlich angrenzenden Länder», Halle 1841
- Physical Geography of the Holy Land, London 1865
Deutsche Ausg. «Physische Geographie des Heiligen Landes», Leipzig 1865

Sepp, J. Nepomuk, Jerusalem und das heilige Land. Pilgerbuch nach Palästina, Syrien und Aegypten, 2 Bde., Schaffhausen 1863 (^{2}1873 bis 1875; Regensburg ^{3}1878)

Tobler, Titus, Zwei Bücher Topographie von Jerusalem und seinen Umgebungen, 2 Bde., Berlin 1853–1854
- Bibliographia Geographica Palaestinae, Leipzig 1867 (Reprint: Amsterdam 1965)

- Descriptiones Terrae Sanctae, Leipzig 1874 (Reprint: Hildesheim-New York 1974)
Velde, C.W.M. van de, Reis door Syrie en Palestine in 1851 en 1852..., 2 Bde., Utrecht 1854
Deutsche Ausg. «Reise durch Syrien und Palästina in den Jahren 1851 und 1852», 2 Bde., Leipzig 1855–1856

Die Abbildungsvorlagen befinden sich in zwei Skizzenbüchern unter «Gregoroviana 13 und 14» in der Bayerischen Staatsbibliothek, München. Im Buch sind die Motive bis zu 25 Prozent verkleinert wiedergegeben.

Anmerkungen zur Einführung

1 Ferdinand Gregorovius, Athenais. Geschichte einer byzantinischen Kaiserin, Leipzig 1882 (³1892)
2 Vgl. Hanno-Walter Kruft, Der Historiker als Dichter. Zum 100. Todestag von Ferdinand Gregorovius, Sitzungsberichte der Bayerischen Akademie der Wissenschaften. Phil.-Hist. Kl., 1992, Heft 2
3 Gregorovius, Athenais (³1892), p. VII
4 Ferdinand Gregorovius, Römische Tagebücher 1852–1889, ed. Hanno-Walter Kruft und Markus Völkel, München 1991, p. 426; vgl. auch die Äußerungen in den Briefen vom 11.12.1881 und 26.2.1882 an Hermann von Thile (Briefe von Ferdinand Gregorovius an den Staatssekretär Hermann von Thile, ed. Herman von Petersdorff, Berlin 1894, p. 129–131). Gregorovius spricht hier auch von seiner «Vervollständigung der Kenntnis der antiken Welt durch Anschauung des Ostens».
5 München, Bayerische Staatsbibliothek, Gregoroviusiana 13
6 J. Nepomuk Sepp, Jerusalem und das heilige Land. Pilgerbuch nach Palästina, Syrien und Aegypten, 2 Bde., Schaffhausen 1863 (²1873–75; Regensburg ³1878)
7 Gregorovius erwähnt die meisten Autoren nur beiläufig, ohne die von ihm benutzten Schriften genauer zu kennzeichnen. Grundlegende Bibliographien der Palästina-Reiseliteratur sind die beiden folgenden, mit deren Hilfe die von Gregorovius benutzten Titel aufgeschlüsselt werden konnten:
Titus Tobler, Bibliographia Geographica Palaestinae, Leipzig 1867 (Reprint: Amsterdam 1965); Reinhold Röhricht, Bibliotheca Geographica Palaestinae. Chronologisches Verzeichnis der von 333 bis 1878 verfaßten Literatur über das Heilige Land, Ber-

lin 1890 (Reprints, ed. David H. K. Amiran: London 1963, 1989).
Vgl. die Zusammenstellung der von Gregorovius benutzten
Palästina-Literatur p. 103–104
8 München, Bayerische Staatsbibliothek, Gregoroviusiana 14
9 Vgl. Gregorovius, Römische Tagebücher 1852–1889, ed. Kruft-Völkel (1991), p. 17 ff.
10 Vgl. Gregorovius, Römische Tagebücher 1852–1889, ed. Kruft-Völkel (1991), p. 419 f., 426
11 Gregorovius' «levantinische» Berichte bestehen aus folgenden Beiträgen:
Korfu. Eine jonische Idylle, Unsere Zeit 1880, 2, p. 481–499, 697–720 (Buchausgabe: Leipzig 1882)
Aus der Landschaft Athens, Unsere Zeit 1881, p. 33–49
Von Kairo nach Jerusalem, Unsere Zeit 1883, 1, p. 24–45
Ritt nach dem Toten Meer, Unsere Zeit 1884, 1, p. 81–99
Aus den Ruinen von Sardes (1882), Zeitschrift für allgemeine Geschichte, Kultur-, Literatur- und Kunstgeschichte 1, 1884, p. 721–754
12 Ferdinand Gregorovius, Kleine Schriften zur Geschichte und Cultur, Bd. 1, Leipzig 1887, p. 1–47, 117–153
13 Vgl. Gregorovius, Römische Tagebücher 1852–1889, ed. Kruft-Völkel (1991), p. 426; über den Verlauf der Orientreise sind am ausführlichsten seine Briefe an Hermann von Thile (Briefe von Ferdinand Gregorovius an ... Hermann von Thile, ed. Herman von Petersdorff, Berlin 1894, p. 130 ff.)
14 Briefe von Ferdinand Gregorovius an ... Hermann von Thile, ed. Petersdorff (1894), p. 131
15 Ebenda, p. 134

Inhalt

Einführung
Von Hanno-Walter Kruft †
Seite 7

Reise nach Palästina
im Jahre 1882
Seite 15

1 Von Kairo nach Jerusalem
Seite 17

2 Ritt nach dem Toten Meer
Seite 62

Von Gregorovius benutzte
Palästina-Literatur
Seite 101

Anmerkungen
zur Einführung
Seite 103

© C. H. Beck'sche Verlagsbuchhandlung (Oscar Beck),
München 1995
Ausstattung Andreas Brylka, Hamburg
Druck bei Offizin Haag-Drugulin, Leipzig
Als Bleisatzschrift wurde die Fournier Old Face,
Mono Serie No 185, verwendet.
Der Druck des Textes erfolgte im Buchdruck auf einer
V 1040 des Baujahres 1975.
Die acht Abbildungen wurden bei Brend'amour,
Simhart, München, reproduziert
und im Offsetverfahren eingedruckt.
Bindearbeiten bei Real-Werk G. Lachenmaier, Reutlingen
Als Papier wurde ein 120 g schweres Alster-Werkdruck der
Firma Geese, Hamburg verwendet,
es ist alterungsbeständig (säurefrei) und aus chlorfrei
gebleichtem Zellstoff hergestellt.
Printed in Germany

ISBN 3 406 38546 X

Im selben Verlag sind erschienen

FERDINAND GREGOROVIUS
GESCHICHTE DER STADT ROM IM MITTELALTER

*Vom V. bis zum XVI. Jahrhundert
Vollständige Ausgabe in vier Bänden.
Herausgegeben von Waldemar Kampf.
2. Auflage. 1988. Zusammen
2748 Seiten mit 234 Abbildungen.
Leinen im Schuber*

«Der Atem erlebter, zeitgenössischer, symbolhaft-sichtbarer Weltgeschichte belebt diese historische Darstellung in fast unvergleichlicher Weise.» *Gustav Seibt, FAZ*

*

FERDINAND GREGOROVIUS
WANDERJAHRE IN ITALIEN

*Einführung von Hanno-Walter Kruft.
4. Auflage. 1986. XIX, 886 Seiten
mit 27 zeitgenössischen Illustrationen. Leinen
Beck'sche Sonderausgaben*

«Die unübertroffene Kunst des Verfassers der ‹Geschichte der Stadt Rom im Mittelalter›, mit der Gregorovius dem Deutschrömertum und der Geschichtswissenschaft ein Denkmal setzte, besteht eben darin, daß er die Landschaften Italiens so zu beschreiben weiß, daß Natur und Geschichte zu einem einzigen Leben, zu innerer Anschauung erwachsen.» *Die Presse, Wien*

Verlag C. H. Beck München

FERDINAND GREGOROVIUS
RÖMISCHE TAGEBÜCHER
1852–1889

*Herausgegeben von Hanno-Walter Kruft
und Markus Völkel
1991. 596 Seiten mit 64 Zeichnungen
auf Tafeln. Leinen*

Die Tagebücher des Historikers, Journalisten und Dichters Ferdinand Gregorovius (1821–1891), von denen jene für die Jahre 1857 bis 1889 erstmals veröffentlicht werden, gehören zu den aufschlußreichsten Texten über Italien und die italienische Geschichte in der zweiten Hälfte des 19. Jahrhunderts.

Die als persönliches und zeitgeschichtliches Dokument einzigartigen Aufzeichnungen dieses preußischen Liberalen geben nicht nur einen fortlaufenden Kommentar zu den historischen Ereignissen während der entscheidenden Jahre des italienischen Risorgimento, sondern schildern zugleich eine Fülle von persönlichen Eindrücken und Begegnungen mit bedeutenden Zeitgenossen – Politikern, Aristokraten, Wissenschaftlern und Künstlern –, die auch während der späteren Jahre, als Gregorovius regelmäßig von München nach Rom zurückkehrte, nichts von ihrer Intensität verlieren. Ausführliche Kommentare der Herausgeber werden diesen vielfältigen Bezügen gerecht.

Einem glücklichen Zufall ist es zu verdanken, daß bei der Vorbereitung der vorliegenden Ausgabe acht Reiseskizzenbücher von Gregorovius aufgefunden wurden. So ist es erstmals möglich, die Tagebucheintragungen zusammen mit den sie begleitenden Zeichnungen vorzulegen.

Verlag C. H. Beck München